# 화가의
# 통찰법

# 화가의 통찰법

: 비즈니스를 바꾸는 예술가의 눈

2017년 1월 31일 초판1쇄 발행
2017년 9월 29일 초판3쇄 발행

지은이 정인호

펴낸이 권정희
펴낸곳 ㈜북스톤
주소 서울특별시 강남구 연주로108길 21-7, 3층
대표전화 02-6463-7000
팩스 02-6499-1706
이메일 info@book-stone.co.kr
출판등록 2015년 1월 2일 제 2016-000344호

ISBN 979-11-87289-14-2 (03320)

이 책의 국립중앙도서관 출판예정도서목록(CIP)은 서지정보유통지원시스템 홈페이지(http://seoji.nl.go.kr)와 국가자료공동목록시스템(http://www.nl.go.kr/kolisnet)에서 이용하실 수 있습니다.(CIP제어번호: CIP2017000671)

책값은 뒤표지에 있습니다. 잘못된 책은 구입처에서 바꿔드립니다.

북스톤은 세상에 오래 남는 책을 만들고자 합니다. 이에 동참을 원하는 독자 여러분의 아이디어와 원고를 기다리고 있습니다. 책으로 엮기를 원하는 기획이나 원고가 있으신 분은 연락처와 함께 이메일 info@book-stone.co.kr로 보내주세요. 돌에 새기듯, 오래 남는 지혜를 전하는 데 힘쓰겠습니다.

# 화가의 통찰법

비즈니스를 바꾸는 예술가의 눈

정인호 지음

북스톤

"존재하지 않는 것을 상상할 수 없다면
새로운 것을 만들 수 없으며,
자신만의 세계를 창조하지 못하면
다른 사람이 묘사한 세계에 머무를 수밖에 없다."

—폴 호건, 오스트레일리아의 배우이자 희극인

# 당신의 비즈니스에 위대한 '예술적 개입'을

나에게 미술은 사치였다. 특히 미술관은 미술을 전공하거나 특별한 사람만이 찾는 공간이라 생각했다. 여전히 많은 이들에게 미술이란 왠지 모르게 서먹한 그 무엇이다. 그도 그럴 것이 과거 미술은 이른바 몇몇 앞서가는 엘리트에게만 주어진 특권 같은 것이었다. 때문에 매력 넘치는 미술이라는 예술영역은 나를 포함한 많은 사람들에게는 쉽게 접근하기 힘든 대상이었다.

그러나 시대가 바뀌지 않았는가. 언제까지 특권층 운운하며 미술의 매력을 외면할 것인가. 누구나 쉽게 미술에 접근할 수 있도록 돕고, 나아가 그것을 예술에 국한하지 않고 비즈니스를 비롯한 삶의 전반으로 확장하고 싶었다.

그래서 나는 미술가들을 만나기 위해 도서관으로 향했고 서양미술사를 다룬 책들을 섭렵했다. 웬만한 박물관과 전시회는 다 찾아다녔다. 단, 학문적 편견이 시야를 가릴까 봐 대학은 가지 않았다. 그 결과 나의 머리에 강하게 남은 존재가 있었다. 바로 피카소Pablo Picasso였다.

지난 2009년, 영국 〈더 타임스〉는 런던의 사치 갤러리와 함께

1900년 이후 활동한 예술가 중 가장 위대한 예술가를 조사해 발표했다. 폴 세잔Paul Cezanne, 구스타프 클림트Gustav Klimt, 클로드 모네Claude Monet, 마르셀 뒤샹Marcel Duchamp 등 시대를 풍미한 위대한 미술가들이 리스트에 올랐다. 그중에서도 단연 1위는 피카소였다. 16주 동안 146만 1523명이 참여한 투표에서 그는 2만 1587표를 얻었다.

"그림은 몰라도 피카소는 안다"라는 말이 있다. 그만큼 피카소는 미술세계에서 빼놓을 수 없는 위대한 화가다. 내전과 세계대전 등 수많은 우여곡절을 겪은 피카소가 일찍 세상을 떠났다면 20세기 미술은 어떻게 되었을까. 그의 위대함을 실감한 이들은 이런 의문을 한 번씩 품기도 한다. 역사는 가정을 허락하지 않지만, 피카소가 일찍 죽었더라면 현대 미술의 진화는 많이 더뎠을지도 모른다. 물론 피카소만큼 위대한 화가가 없다는 뜻은 아니다. 다만 그만큼 '피카소'라는 텍스트에서 더욱 도드라지는 통찰을 많이 얻을 수 있다는 의미다.

피카소를 비롯해 미술사에 이름을 남긴 화가들은 모두 타고난 재능 이상을 발휘한 이들이다. 그들의 재능은 천부적이었고, 행동은 도전적이었다. 많은 화가들이 어릴 적부터 신동으로서 천부적인 재능을 보였지만, 신동이라고 해서 모두가 위대한 예술가로 남지는 않는다. 끊임없는 성찰과 탐구를 통해 자기 세계를 확립하고, 전통과 질서를 부정하는 도전과 반역을 멈추지 않았기에 가능한 건 아니었을까? 비즈니스에 종사하는 사람들, 특히 경영자들이 반드시 예술가들을 알아야 하는 이유가 여기에 있다.

이 책에서 나는 피카소를 중심으로 고갱Paul Gauguin, 고흐Vincent van Gogh, 마네Edouard Manet, 폴 세잔, 벨라스케스Diego Velazquez, 프리다 칼로 Frida Kahlo, 살바도르 달리Salvador Dali, 페르난도 보테로Fernando Botero 등 서양미술사를 주름잡았던 화가들의 명작들을 분석하고, 여기에서 얻은 통찰이 비즈니스 현장에 어떻게 활용될 수 있는지 설명했다. 최근 경영계에서는 비즈니스 현장에 예술적 요소를 도입하는 '예술적 개입artistic intervention' 사례가 늘고 있다. 과거에는 기업에서 예술에 관심을 갖는다고 해봐야 공연관람이나 예술가 후원 정도에 그쳤지만, 오늘날에는 그 의미가 완전히 달라졌다. 기업의 전략수립부터 제조, 판매, 마케팅에 이르는 의사결정 전반에 예술가 혹은 예술적 요소가 결합하는 예술적 개입이 이루어지고 있다.

유럽의 한 제조회사는 예술가를 생산라인에 투입해 생산효율성을 25%나 향상시키는 성과를 얻었다. 직원들이 예술가와 함께 지내면서 그동안 보지 못했던 기계나 설비의 개선점과 새로운 활용방안을 발견하게 되었고, 직원들 간 소통도 활발해지면서 조직에 대한 로열티가 높아졌다는 것이다.

창의적이고 창조적인 기업만이 살아남을 수 있다고 한다. 그 자체가 창조행위인 예술이야말로 창조적 영감의 근원이며, 기존 경영방식의 패러다임을 바꿀 수 있는 혁신의 유용한 도구가 될 수 있지 않을까? 나는 이 책에서 피카소를 비롯해 위대한 화가들의 작품과 활동을 이해하고, 이들의 예술적 사유와 상상력, 창의력을 오늘날의 비즈니스에 '개입'시켜보고자 한다. 많은 기업들이 창조, 창의와 관련된 활동들을 머리로만 이해한다. 이성적 사고에만 고착된 것이다. 하지만 예술적 개입은 이성과 감성을 동시에 접목하는 개념으로, 기존과 전혀 다른 세계를 탐험하는 창조적 충돌creative clash의 과정이다.

"예술이 밥 먹여주나?"라고 흔히 말한다. 이제는 예술이 밥 먹여준다. 상상력과 창의성을 적용함으로써 혁신적인 제품을 내놓을 수 있고, 표현의 파괴와 감성적 공감 그리고 존중이라는 예술의 속성을 통해 조직 구성원 간의 협업과 소통을 이끈다면 기업 경영에 새로운 지평이 열리지 않겠는가? 애플, 구글, IDEO, 알레시Alessi 등의 회사가 그러하듯 말이다.

　이 책에 등장하는 화가들은 멈추지 않는 발견과 상상으로 자신만의 광대한 세계를 개척했다. 재능과 열정은 물론, 내 위에 누구도 세울 수 없다는 질투심과 경쟁심, 파괴적인 사랑마저 예술의 동력으로 삼았다. 들불처럼 타올랐던 그들의 예술혼을 지금부터 만나보기 바란다. 경영학적 시선과 함께!

　　　　　　　　　　　　　　　　　박물관 옆 미술실에서
　　　　　　　　　　　　　　　　　정인호

프롤로그 | 당신의 비즈니스에 위대한 '예술적 개입'을 · 7

1장  미약한 나를 직시한다

완생完生은 없다, 진화가 있을 뿐 · 17
— 비둘기 발만 300회 · 18
— '끝'이라 말할 수 있는 순간은 결코 오지 않는다 · 22
— 변화하고 진화하는 조직은 죽지 않는다 · 28

나를 발견하라 · 34
— 그들이 가장 사랑한 피사체 · 34
— 거울 속의 모습 그대로를 인정하라 · 46
— 당신에게는 내면을 보는 눈이 있는가? · 49

2장  영감을 얻되 흉내 내지 않는다

눈에 보이는 것 너머를 본다 · 57
— 라파엘로 그림에 담긴 죽음의 징후 · 60
— 보지 말고 관찰하라 · 62
— 본질을 보는 자만이 새로움을 만들 수 있다 · 65

**멀리서 빌려오라 · 75**

— 위대한 예술가는 훔친다 · 77

— 애플의 디자인을 낳은 '피카소 방식' · 85

**전통을 파괴하다 · 94**

— 원근법을 파괴하다 · 95

— 존속과 파괴, 혁신에는 두 가지 모두 필요하다 · 99

— 양손잡이 조직이 되어야 한다 · 103

**몸으로 느끼고, 몸으로 영감을 얻는다 · 107**

— 그는 왜 그토록 많은 여인을 원했던 걸까 · 108

— 머리가 아니라 몸에 폭풍을 일으켜라 · 122


**3장  경쟁의 에너지를 이용한다**

**고통스럽지만 위대한 춤 · 131**

— 마티스의 '삶의 환희' vs 피카소의 '삶의 절규' · 131

— 경쟁이 위대함을 만든다 · 137

— 룰을 차지하는 경쟁을 하라 · 143

**비슷하게 훌륭한 것은 필요 없다 · 148**

— 뚱뚱한 것이 아름답다? · 153

— 거꾸로 가는 경쟁의 기술 · 164

**자신을 뛰어넘어라** · 167

— 안주하는 삶에서는 명작이 나오지 않는다 · 168

— 살인자 카라바조가 탄생시킨 '테네브리즘' · 169

— 최후의 장애물은 나의 두려움이다 · 174

4장 **인간의 매력과 한계를 포용한다**

**모든 것은 인간에 관한 것이다** · 183

— 〈사비니 여인들의 중재〉에서 가장 눈길을 끄는 것 · 184

— 인간을 인간답게, 리더는 리더답게 · 191

**인간의 비합리성을 이해하라** · 197

— 사형수에게 무죄가 언도된 이유 · 198

— 어느 돈은 공돈, 어느 돈은 피 같은 돈? · 204

**소통 없이는 독창성도 없다** · 211

— 피카소, 독창성을 세일즈하다 · 214

— 탁월한 두뇌보다 탁월한 인맥이 더 중요하다 · 218

**자신의 시야를 의심하라** · 222

— 인간의 시야는 원래 좁다 · 223

— 틀에 갇힌 그림은 죽은 그림이다 · 229

— 기존의 틀을 깨고 보는 법 · 236

## 5장 영혼의 힘을 믿는다

**직관을 발휘하라 · 243**
— 녹아내리는 치즈에서 '시간'을 발견하기까지 · 244
— 불평하고, 기록하고, 믿어라 · 248

**기본이 갖춰져야 걸작이 만들어진다 · 256**
— 동서고금의 절대적 성공법칙 · 257
— 원칙이 노하우를 이긴다 · 263

**말이 아닌 행동을 들어라 · 269**
— 욕하면서 보는 그림? · 270
— 겉 다르고 속 다른 인간의 속성을 이해하라 · 275


에필로그 | 이윤을 넘어, 어떤 흔적을 남기겠는가? · 279
주註 · 286

1장

미약한
나를
직시한다

"나는 예술이
슬픔과 고통에서
싹튼 것이라 생각한다.
슬픔은 명상에 적합하고,
고통은 삶을 기반으로 한다."

—파블로 피카소

# 완생完生은 없다,
## 진화가 있을 뿐

        지난 2014년 tvN에서 방영한 〈미생〉은 선풍적 인기를 끌며 우리 사회에 일대 '미생 신드롬'을 일으켰다. 드라마는 현실의 축소판인 듯 생생하여 보는 이들의 공감을 자아냈다.

  주인공 '장그래'는 말 그대로 사회적 미생未生, 즉 '아직 살아 있지 못한 자'다. 업무지식이 전무한 2년 계약직 장그래가 매일매일 상사들에게 깨지고 잘난 동료들에게 상처받는 모습은 "내 얘기 같다"는 공감을 얻기에 충분했다. 지금은 각자의 위치가 다를지언정, 인생의 어느 한때는 누구나 미생이기 때문일 것이다. 천재라 불리운 피카소 또한 예외일 수는 없었다.

## 비둘기 발만 300회

피카소는 92년 평생 동안 그림 1876점, 조각 1355점, 도자기 2880
점, 스케치와 데생 1100점, 부식동판화 2만 7000점 등 5만여 점에 이
르는 엄청난 양의 작품을 제작한 '생산성 있는' 예술가였다. 작품 수
도 대단하지만 피카소의 변화무쌍한 작품세계와 예술적 여정은 감
탄을 자아낸다. 그래서 흔히들 "피카소를 빼놓고 20세기 미술을 말
할 수 없다"고 한다.

피카소는 1881년 10월 25일, 에스파냐 안달루시아의 말라가에서
태어났다. 그는 고통으로 세상을 맞이했다. 출산을 돕던 산파는 아이
가 죽은 줄 알고 그냥 내버려두었다고 한다. 혼자서 제대로 호흡하지
못했기 때문이다. 삼촌이 담배연기를 그의 콧구멍에 불어넣어주어
비로소 삶이 시작되었다.

피카소는 중산층에 속했던 어머니 마리아 피카소 로페즈와 화가
이자 투우광이었던 아버지 호세 루이즈 블라스코의 첫째아이로 태
어났다. 양가 모두 귀족의 혈통을 잇고 있었지만 피카소가 태어날 즈
음에는 어떤 고상함도 남아 있지 않았다. 아버지 호세는 말라가의 미
술학교에서 그림을 가르치는 교사이자 지방 미술관의 큐레이터였
다. 아들의 예술적 재능을 일찌감치 간파한 아버지로부터 전통적인
아카데미 방식의 미술 수업을 받았지만, 화가로서 그는 어머니의 이

름을 따서 '파블로 피카소'라 불렸다. 무의식중에 아버지의 영향력에서 벗어나고 싶어 했던 것은 아니었을까.

열한 살이 되도록 가장 초보적인 읽기나 쓰기, 덧셈, 뺄셈조차 제대로 하지 못했으니, 피카소의 학교생활은 그리 대단할 것이 없었다. 오직 그림만이 그의 즐거움이었다. 남아 있는 초기 스케치와 그림들에는 그 시절 그의 특출한 재능이 고스란히 드러난다. 특히 아버지의 작품에서 영감을 받은 그림에서 투우와 비둘기들을 훌륭하게 표현해냈다. 피카소가 아홉 살 때 완성한 첫 작품 〈피카도르〉를 보라. '피카도르Le Picador'라는 제목은 '투우경기에서 말을 탄 남자'라는 뜻이다. 언뜻 보면 여느 아이들이 그린 그림 같지만 자세히 들여다보면 그의 천재성을 엿볼 수 있다. 우선 주인공과 주변 인물들의 배치가 매우 안정적이고 사실적이다. 인물과 말의 비율 또한 어느 정도 맞다. 아직 원근법에 대한 개념은 없어 보이지만 공간감, 명암, 그림자 등은 비교적 잘 표현되었다.

이것이 오로지 타고난 재능의 산물이라고 생각하면 오해다. 사실 그의 재능은 아버지의 혹독한 훈련이 있었기에 가능했다. 그의 아버지는 피카소에게 비둘기 발만 300회 이상 반복해서 그리도록 시켰다. 그런데 놀라운 것은, 15세가 되자 피카소가 사람의 얼굴은 물론 몸체도 다 그릴 수 있게 되었다는 것이다. 그동안 비둘기 발밖에 그리지 않았지만 어느덧 모델 없이도 어떤 그림이든 그릴 수 있게 되었다.

왼쪽_ 피카도르, 파블로 피카소, 1889년, 유화, 24×19cm, 파리, 개인소장
오른쪽_ 첫 영성체, 파블로 피카소, 1896년, 캔버스에 유채, 바르셀로나 피카소 미술관

1895년, 열네 살의 피카소는 상급학교에 진학해 비로소 살아 있는 모델을 보고 그림을 그릴 수 있게 되었다. 바로 그때쯤 피카소는 매춘부를 찾아갔고, 첫 여자친구를 사귀었으며, 대도시의 '밤의 유흥'을 즐기기 시작했다. 이런 모든 새로운 경험은 피카소의 첫 유화인 〈첫 영성체〉와 병들었거나 죽어가는 여자들을 보여주는 〈과학과 자선〉에 큰 영향을 끼쳤다. 특히 이 작품들은 예술에 관한 아버지의 보수적 관점에 강한 영향을 받았다. 〈첫 영성체〉는 피카소가 15세 때 그린 놀라운 사실주의 작품이다. 이 작품은 피카소가 그 무렵 이미 옛 거장들의 구도와 색채, 표현기법을 모두 습득했음을 보여주고 있다.

이후 마드리드의 왕립 미술학교로 옮기면서 피카소는 아버지의 울타리에서 벗어나기 시작한다. 아버지의 그림에 반기를 든 것이다. 그의 학교생활은 그리 모범적이지 않았다. 도시 생활을 스케치하고 프라도 미술관에서 디에고 벨라스케스, 엘 그레코El Greco, 프란시스코 고야Francisco Goya 같은 미술가들의 작품을 공부하느라 틀에 박힌 학교수업을 빼먹기 일쑤였다. 그의 일탈은 가족들에게 실망을 안겼고, 급기야 삼촌의 보조금이 끊겨 돈에 쪼들리는 생활을 해야 했다. 1898년 불규칙한 식사와 굶주림 때문에 심각한 병에 걸린 피카소는 바르셀로나로 돌아가기로 결심했고, 그 전에 친구 마누엘 파야레스와 함께 오르타 데 에브로의 산간 마을을 여행하며 집시 같은 야외생활을 즐겼다. 그곳에 1년이나 머물며 건강을 회복한 그는 자신만만

하고 훨씬 의욕적인 예술가가 되어 바르셀로나로 돌아왔다. 그 후 파리와 비엔나, 뮌헨과 오슬로 등지에서 아르누보와 상징주의 사상의 영향을 받은 문예집단에서 활동하며 현대적인 사람이 되었다.[1] 파리에서 본격적인 작품활동을 시작한 피카소는 짧은 무명기를 거쳐 곧 파리에서 인정받는 화가로 올라섰다. 빈곤에 시달리다 요절한 당시 화가들에 비하면 명성도, 풍요도 일찍 찾아온 것이다.

## '끝'이라 말할 수 있는 순간은 결코 오지 않는다

피카소는 자신의 작품을 늘 미완성으로 여겼다. 미술사 최초의 입체주의 작품으로 평가받는 〈아비뇽의 처녀들〉은 미완성 작품으로 알려져 있다. 피카소는 에스키스esquisse [2]만 800번, 덧칠을 100번이나 하고도 이 작품을 결국 미완성으로 남겨두었다. 로봇이 임신부를 포함한 벌거벗은 여인들에게 총을 겨누고, 공포에 질린 아이들이 도망가는 모습을 그린 〈한국에서의 학살〉도 미완성 스케치다.

제대로 끝내지 못했다고 생각했으니 만족도 있을 수 없었다. 그 미진함을 해소하기 위해 그는 항상 다음 작업에 착수했다. 피카소에게 가장 고통스러운 것은 "어떤 일도 끝낼 수 없으며, '작품을 완성해냈고 내일은 휴일이다'라고 말할 수 있는 순간은 결코 오지 않는다"는 사실이었다. 그는 그림에서 손을 떼기 무섭게 다시 새 작품을 시작해

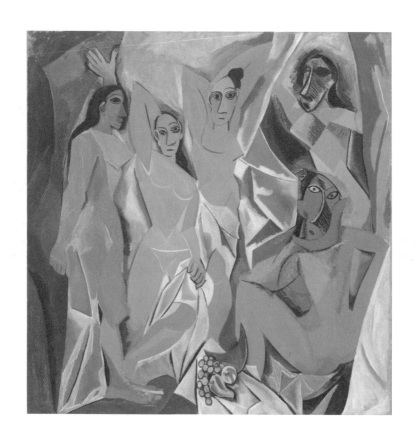

아비뇽의 처녀들, 파블로 피카소, 1907년, 캔버스에 유채, 243.9×233.7㎝, 뉴욕 현대미술관

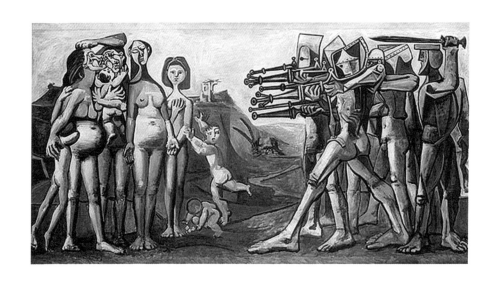

한국에서의 학살, 파블로 피카소, 1951년, 패널에 유채, 110×210cm, 파리 피카소 미술관

야 했다. 그림에 더는 손대지 않기로 결심할 수는 있었지만, 그림에 '끝'이라고 쓸 수는 없었다.

　그러나 미완성이라고 작품의 가치가 떨어지는 것은 아니다. 레오나르도 다빈치Leonardo da Vinci의 〈모나리자〉도 4년을 그렸지만 미완성인 채로 끝났다. 그럼에도 매혹적인 미소와 신비한 분위기로 시대를 초월해 사람들의 사랑을 받고 있다. 말년의 다빈치가 그린 〈동방박사들의 경배〉, 〈성 히에로니무스〉 등 상당수의 그림들도 미완성작이다. 완성되지 않았지만 그 자체로 충분히 아름답고 매력적이다.

　'위대한 미생'은 미술의 세계에만 국한하지 않는다. 음악의 세계에는 슈베르트의 미완성 교향곡이 있다. 그가 25세에 작곡한 교향곡 제8번으로 1, 2악장만 완성되고 3악장은 초고 단계에서 중단되어 미완성이라는 이름이 붙었지만, 낭만적 정서가 담겨 있는 멜로디와 화성, 악곡의 구성법 등에서 슈베르트 최고의 교향곡이라 일컬어진다. 독일의 작곡가 요하네스 브람스는 "이처럼 온화하고 친근한 사랑의 말로써 다정하게 속삭이는 매력을 지닌 교향곡은 들어본 적이 없다"고 상찬했다.

　이뿐이랴. 스페인 바르셀로나에는 수많은 명소가 있는데, 건축가 안토니 가우디의 천재성이 응축된 '사그라다 파밀리아 성당'도 빼놓을 수 없다. 거대한 옥수수 모양을 한 4개의 첨탑이 하늘을 향하고 있는 독특한 이 건물은 높이가 170m나 된다. 가우디는 건물의 전면을 예수 그리스도의 탄생과 수난, 영광으로 장식했다. 이 성당은 여타 성당과 확연히 구분되는 독특한 형태와 장엄한 스케일, 혁신적인 구조, 섬세한 장식이 특징이다. "신은 서두르지 않는다"고 말하던 안토니 가우디의 사그라다 파밀리아 성당은 120여 년 전에 착공했지만 아직도 공사가 진행 중이며, 그의 사후 100주년을 맞는 2026년에 완공될 예정이다.

미완의 성당을 보노라면 '인생에서 완성은 없다'는 생각을 새삼하게 된다. 나아가 삶은 미완성일 때 가장 아름답고 빛나는 것인지도 모른다.

미완성 작품이 아름다울 수 있는 이유는 다 채워지지 않았기 때문이다. 비어 있기 때문에 더욱 완벽하고 아름답게 만들 가능성이 있는 것이다. 갈대가 속을 비운 것도 꺾이지 않고 휘기 위해서다. 사람의 마음도 다 채워놓으면 새로운 것을 받아들일 수 없다. 가득 채운 자는 아까워서 버리지 못하고, 계속 채워놓기만 하면 결국 썩게 마련이다.

생각해보자. 애플, 구글, 마이크로소프트를 비롯해 국내의 삼성, 현대자동차, SK, LG 등의 기업들은 세계시장에서 인정받는 우수한 제품을 생산하고 있고 경영 면에서도 초일류기업으로 인정받고 있다. 그렇다고 이들 기업을 '완생'이라 할 수 있을까? 그렇지 않다. 이들은 완생에 도달하기 위한 진화경쟁의 승리자들이다. 비즈니스는 진화할 뿐 완생이란 있을 수 없다.

미국의 듀폰은 프랑스 혁명을 피해 미국으로 건너온 엘 테일이 1802년에 설립한 화학섬유회사다. 창업 초기에는 개척기 미국에 꼭 필요했던 화학제품을 개발하여 입지를 굳혔고, 1940년에는 섬유역사상 최대 히트작인 나일론을 개발해 세계적인 기업으로 성장했다.

1900년대 듀폰의 섬유 부문은 그룹 전체 매출의 약 25%를 차지해왔다. 당시 듀폰의 CEO는 대부분 섬유 부문 출신이었으며, 섬유는 듀폰의 핵심 사업으로 자리 잡았다. 그러나 지금의 듀폰에는 섬유가 없다. 1998년 석유회사인 코노코의 매각을 시작으로 듀폰은 과감한 인수합병 행보를 보였다. 2004년에는 섬유 부문과 석유 및 제약사업을 정리하고 종자업체인 파이오니어를 인수한 뒤 농업과 바이오연료 분야 등으로 방향을 선회했다. 지난 2010년에는 농업생명공학 부문 매출이 30%를 차지하는 과학기업으로 자리매김했으며, 오늘날에는 식품, 영양, 건축, 의류, 운송, 전자 부문까지 포트폴리오를 확장하며 종합과학회사로 탈바꿈했다.

업종 전환을 진두지휘한 듀폰의 CEO 채드 홀리데이는 이렇게 말했다.

"성장이 있는 곳으로 가라Go where the growth is."

이것이 200여 년에 걸쳐 세계 최고의 기업이라는 명맥을 유지하고 있는 듀폰의 생존비결이다.

여기에 더해 나는 이렇게 강조하고 싶다. "성장이 있는 곳에 완생은 없다. 미생을 채우기 위한 진화만 있을 뿐이다."

## 변화하고 진화하는 조직은 죽지 않는다

1억 6000만 년이나 지속된 공룡의 시대가 멸망한 것은 한순간이었다. 한때 지구의 최강자로 불렸던 공룡은 이제 화석으로만 존재할뿐이다. 공룡은 왜 하루아침에 사라져버린 것일까? 공룡의 멸망 원인에 대해서는 다양한 학설이 제기되고 있다. 그중에서도 가장 설득력 있는 설은 '운석 충돌설'이다. 6500만 년 전 어느 날, 우주공간을 떠돌던 지름 약 10km의 거대 운석이 지금의 멕시코 유카탄 반도에 초속 30km(음속의 10배)의 속도로 지구와 충돌하면서 공룡이 멸종했다는 것이다. 운석 충돌은 공룡의 멸종을 부른 환경변화를 야기했다. 운석이 충돌하면서 엄청난 먼지가 발생했고, 이는 일종의 차단막이 되었다. 햇빛이 온전히 닿지 않아 지구 온도가 떨어지고, 식물의 광합성은 멈춰버렸다. 대부분의 식물이 말라 죽자 초식공룡이 굶어 죽었고, 뒤이어 육식공룡도 자취를 감췄다. 결국 기후변화와 생태계 파괴에 적응하지 못했던 것이 공룡의 멸종 원인인 것이다.[3]

그러나 똑같은 기후변화에 직면했다 해도 모든 생물종이 멸종에 이른 것은 아니다. 거대한 공룡은 변화의 소용돌이에 사라졌지만 보잘것없는 개미, 바퀴벌레나 작은 포유류는 현재까지도 살아남아 끈질긴 종種의 생명력을 보여주고 있지 않은가. 어린아이도 손쉽게 죽일 수 있는 개미가 급격한 기후 변화에도 살아남을 수 있었던 것은 순전히 변화에 대한 적응력 덕분이었다.

지금도 개미는 모래 지표면이 70℃까지 오르는 사하라 사막에서 너끈히 살아가고 있다. 실버개미가 그 주인공이다. 뜨겁고 척박한 사막에서 이들은 어떻게 살아남을 수 있을까? 더욱이 이 개미가 견딜 수 있는 온도는 53.6℃에 불과하다고 하는데 말이다.

그 비밀은 은색 털에 있다. 실버개미의 몸은 은색 털로 뒤덮여 있다. 이 털은 강한 햇빛을 반사하는 역할을 한다. 나아가 뜨거운 모래에서 올라오는 지열 역시 이 털로 방출한다. 진화과정에서 획득한 은색 털 덕분에 실버개미는 혹독한 환경에서도 생존할 수 있다.

공룡과 개미, 이 두 종의 운명은 환경변화에 대처하는 자세 때문에 갈리게 되었다. 그런데 공룡의 번성과 멸종이 왠지 낯설지 않다. 대량생산, 대량소비 시대의 대기업이 지향했던 성장의 법칙과 매우 유사하지 않은가? 대기업의 힘을 앞세워 문어발 식 확장을 하거나 독불장군처럼 경영하는 모습 말이다. 하지만 지구상의 절대강자로 영원히 군림할 것 같았던 공룡은 결국 화석이 되었다. 기업이라고 공룡의 운명을 비켜갈 수 있을까?

단적인 예가 바로 노키아다. 2000년만 해도 노키아는 시가총액 223억 유로, 2007년 세계 휴대폰 시장점유율 41%를 자랑하는 모바일 시장의 절대강자였다. 삼성전자를 비롯해 LG, 모토로라도 노키아를 벤치마킹하던 시절이 있었다. 1998~2007년까지 핀란드 경제성장의 25%를 노키아가 담당할 정도였다. 하지만 2007년 애플의 아이폰이 등장하면서 노키아는 몰락의 징후를 보이기 시작했고,

2011~12년 삼성전자가 갤럭시 S2, S3를 내놓으면서 세계시장 1위 자리를 내주고 말았다.

여기서 주목할 점은, 노키아가 애플보다 7년이나 먼저 스마트폰 '에릭슨 380' 모델을 개발했다는 사실이다. 그럼에도 스마트폰은 먼 미래에나 상용화될 것이라 예측한 바람에, 노키아는 아이폰이 등장했을 때에도 오히려 일반 피처폰 생산라인을 더 늘리는 우를 범했다. 당시 노키아 CEO였던 올리 페카 칼라스부오는 "아이폰은 조크joke 같은 제품이다. 시장에서 먹히지 않을 것이다. 우리가 정한 것이 표준이다"라며 스마트폰을 비웃었다. 시장변화를 읽지 못한 노키아는 결국 2012년 2월 본사 건물을 1억 7000만 유로(약 2400억 원)에 매각했고, 2013년 9월에는 휴대전화 사업부문을 54억 4000만 유로(7조 8000억 원)에 매각했다.

비즈니스에 영원한 것이 있을까? 오히려 강할수록 무뎌지고 관료화되기 쉽다. 진화의 필요성을 거부하고 자만에 빠지기도 쉽다. 노키아는 강할수록 더욱 진화해야 한다는 법칙을 무시하는 바람에 파국을 맞았다. 진화를 거부했던 소니, GM, 코닥 등의 몰락도 원인은 다르지 않다.

스티브 잡스의 멘토인 인텔의 앤디 그로브 회장이 2016년에 별세했다. 그는 30여 년간 세계 최대 반도체 기업인 미국 인텔의 대표이사와 CEO, 회장 등을 역임하며 오늘날 정보통신 혁명의 기반이 된 마이크로프로세서 산업을 일으킨 인물이다.

그의 위대함은 끝없는 진화에서 찾아볼 수 있다. 1970년대 중반까지 메모리 반도체에 치중했던 인텔은 일본 반도체 업체들의 저가공세에 위기를 맞았다. 1985년 초에 30달러였던 256KB 메모리 가격이 몇 달 만에 3달러까지 떨어지면서 인텔은 1억 달러의 영업손실을 기록했다. 살아남으려면 새로운 분야에서 활로를 찾아야 했다. 하지만 사업구조를 전환하기란 결코 쉬운 일이 아니다. 주주들을 설득해야 함은 물론이고 조직 구성원들의 저항을 이겨내야 한다. 무엇보다 캐시카우인 메모리 사업에서 철수하는 것은 엄청난 고통을 수반한다. 하지만 앤디 그로브는 메모리 공장을 폐쇄하고 대신 컴퓨터용 마이크로프로세서로 사업전환을 단행했다. 그 과정에서 8000명 넘는 직원들을 해고하는 어려움도 겪었다. 그러나 결과적으로 그의 결단은 인텔의 재도약을 가능케 했다. 때마침 컴퓨터 보급이 늘어나는 시기와 맞물리면서 1990년대 인텔은 매년 30% 이상의 매출 성장을 달성했고, 마이크로프로세서는 80% 이상의 시장점유율을 기록하면서 사실상 시장을 독점했다.

미국에 인텔이 있다면 덴마크에서는 레고가 진화를 통해 꺼져가는 기업을 회생시켰다. 창사 이래 승승장구하던 레고는 1990년대 비디오게임기의 등장과 저출산 흐름의 영향으로 정체 국면을 맞았다. 이후 사업다각화에 뛰어들었다가 실패를 맛보고 급기야 1998년에 첫 적자를 기록하기에 이르렀다. 그러나 레고는 지난 2015년, 358억

크로네(6조 2571억 원)의 실적을 달성하면서 바비인형으로 유명한 마텔 사와 근소한 차이로 업계 2위를 지켰다. 영업이익률은 34.1%에 달해 애플, 구글보다도 높다.

장난감 업계는 진입장벽이 매우 낮은 데다 고객층이 변덕스럽기로 유명하다. 또한 제조비용이 많이 들 뿐 아니라 레고의 핵심제품인 블록은 특허로 보호되지도 않는다. 이런 악조건 속에서 레고의 회생을 진두지휘한 CEO 크누스토르프에게는 어떤 비결이 있었던 것일까. 그에게 글로벌 불황에도 회사를 흑자로 전환시킨 방법에 대해 물어보자 단순명료한 답변이 돌아왔다. "생존비법은 상황에 맞게 진화를 거듭하는 것이다."

고인 물은 썩게 마련이다. 물은 계속 흘러야 썩지 않는다. 기업의 비즈니스도 다를 바 없다. 성공한 비즈니스 모델이라는 이유만으로 계속 고수하다가 실패한 경우는 수없이 많다. 과거의 성공에 취해 필승공식을 쉽사리 포기하지 못한 결과다.

이처럼 자연과 기업은 '진화'라는 공통분모를 가지고 있다. 정글의 법칙이 적용되는 자연이나 치열한 경쟁이 오가는 비즈니스 세계에서 생존을 위한 진화는 필수적이다. 다윈의 진화론은 우리에게 다음의 법칙을 알려준다. "지구상에 살아남는 동물은 힘이 세거나 덩치가 큰 것이 아니다. 변화에 가장 민감하게 대응하는 것만이 살아남는다." 오늘날의 초경쟁시대에는 변화의 본질을 파악하고 제대로 대응하는 최적자만이 생존할 수 있다. 여기서 말하는 '최적자'는 '완생'을 의미하는 것이 아니다. 완전하지 않지만 생존의 길을 모색하며 진화해가는 '미생'을 가리킨다.

《자치를 위한 투쟁》을 쓴 미국의 유명 언론인 링컨 스테펀스는 이렇게 말한다. "아무것도 끝난 것은 없다. 세상의 모든 것은 미완성으로 남아 있다. 가장 위대한 그림은 아직 그려지지 않았고, 가장 위대한 희곡은 아직 쓰여지지 않았으며, 가장 위대한 시는 아직 읊어지지 않았다." 우리의 인생에 완생은 없다. 다만 완생으로 가기 위한 과정과 진화만 있을 뿐이다. 미완성의 비즈니스, 미완성의 그림, 미완성의 희곡, 미완성의 시밖에 없다.

# 나를
# 발견하라

2015년 8월, 뜨거운 태양이 내리쬐는 여름 한가운데 나는 서울의 소마미술관을 찾았다. 평일임에도 미술관은 발 딛을 틈이 없었다. 여타 전시회와는 확연히 비교되는 열기였다. 그 이유는 그림을 보고 난 후 자연스럽게 알게 되었다.

## 그들이 가장 사랑한 피사체

예술가는 무엇으로 살까? 돈, 명예, 믿음, 사명감, 책임… 이 중 어느 하나일 수도 있고, 이 모든 것일 수도 있다. 그러나 서양미술사에 자신의 이름을 각인시킨 위대한 예술가들의 삶은 이러한 이유로는 설명되지 않는 것 같다. 오히려 예술 그 자체를 숙명으로 받아들였다고 해야 할까, 혹은 자신의 존재감을 확인하는 방법으로 예술의 길을 택했다고 보는 것이 맞을 듯하다. 대표적인 인물이 20세기 최고의 여성 화가라 꼽히는 프리다 칼로다. 내가 더운 여름날 미술관을 찾은 이유는 바로 프리다 칼로를 만나기 위해서였다.

멕시코 출신의 프리다 칼로는 매우 독특한 이력을 가진 화가다. 예술적 주제가 오로지 자기 자신이었다 해도 과언이 아닐 정도로, 그녀는 143점의 작품 중 55점에 자신의 모습을 담았다. 그녀는 평생 자신을 그리는 데 모든 열과 성을 바쳤고, 끊임없이 자신을 관찰하고 그렸다.

그녀는 왜 그토록 자화상에 집착했을까? 미술가들은 일반적으로 타자를 모델로 작품을 제작하지만, 스스로가 작품의 모델이 될 때가 있다. 바로 자화상을 그릴 때다. 특히 모델을 구하기 어려운 습작기에는 자화상이 훌륭한 훈련 수단이 된다. 자화상이 발달하기 시작한 16세기 이래, 자신의 모습을 그리지 않은 서양화가가 거의 없을 정도다. 무엇보다 자화상은 자신의 내면을 돌아볼 수 있는 성찰의 기회를 준다.

과거 중국에서 내려오는 고사 중에 "구리로 거울을 삼아 의관衣冠을 가다듬는다"라는 말이 있다. 이 말에는 사람이란 본디 외적 모습만을 중시하는 속물이 아니라 자신의 내면을 돌아보고 관조할 줄 하는 존재라는 의미가 담겨 있다. 마찬가지로 자화상은 자신의 외모만 그리는 게 아니라 내면을 찬찬히 들여다보는 자기성찰의 도구가 된다.

그러나 미술사에는 수많은 자화상이 있지만, 자기성찰에 바탕을 둔 작품은 그리 많지 않다. 그런 점에서 프리다 칼로는 매우 예외적인 화가라 하지 않을 수 없다. 그녀는 여섯 살에 소아마비를 앓았다. 한쪽 다리가 더디 자라는 바람에 '나무다리 프리다'라는 놀림을 당하며 성장했다. 하지만 그녀는 이에 굴하지 않고 밝고 건강하게 자랐다. 어린 그녀에게 힘이 되어준 존재는 사진작가였던 아버지 기예르모 칼로다. 결혼생활은 그리 행복하지 않았지만, 아버지는 어린 딸 칼로에게 늘 따뜻한 관심과 사랑을 보여주었다.

그러다 그녀는 열여덟 살 때, 타고 가던 버스가 전차와 충돌해 강철봉이 척추를 관통하고 골반과 왼쪽 다리가 골절되는 치명상을 입었다. 숨이 붙어 있는 게 기적이었다. 그럼에도 끝내 삶을 이어가는 프리다 칼로. 그녀는 47세의 나이에 세상을 떠날 때까지 끊이지 않는 육체적 고통 속에 살아야 했다. "이런 날들이 계속된다면 차라리 내가 이 세상에서 없어지는 게 낫지 않을까?" 이런 격정을 토로할 만큼 괴로운 나날이었다.

다음의 작품을 보고 그녀의 삶이 얼마나 고통스러웠는지 짐작해 보라.

화살을 맞아 부상당한 사슴이 숲에 홀로 있다. 사슴의 머리는 그녀

부상당한 사슴, 프리다 칼로, 1946년, 섬유판에 유채, 22.4×30cm, 개인소장

의 얼굴이다. 주변 나무들은 가지가 부러진 채 죽은 것처럼 보인다. 뒤로는 바다가 펼쳐져 있고 구름이 보이는데, 구름 사이로 번개가 치고 있다. 어디 한 군데 마음 둘 곳 없는 적대적인 환경이다. 곧 죽음이 엄습할 것 같은 분위기다. 그녀는 이 밖에도 가시 목걸이를 걸고 피 흘리는 자화상, 부서진 척추와 못이 박힌 몸뚱이를 한 채 눈물 흘리는 자화상 등, 보는 이로 하여금 처절한 고통과 외로움을 짐작게 하는 자화상을 많이 남겼다.

그녀는 죽기 직전인 1953년 멕시코에서 열린 첫 개인전에 쓴 자기소개서에 다음과 같이 기록했다. "내 작품은 고통에 관한 이야기를 담고 있다. 몇몇 이들은 이에 대해 관심을 가져줄 것이라 생각한다. 내 그림이 혁명적인 것은 아니다. 왜 그러기를 기대하는가? 나는 그렇게 할 수 없다. 그림이 내 삶을 완성했다. 나는 세 명의 아이를 잃었고, 그 밖에 내 참담한 삶을 채워줄 것들 또한 많이 잃었다. 이 모든 것을 대신해준 것은 나의 그림이었다."

그녀의 고통스런 삶은 계속되었다. 육체적 고통에 더해진 정신적 괴로움 때문이었다. 그 원인은 너무도 유명한 그의 남편, 디에고 리베라Diego Rivera였다. 처음 만났을 때 그녀의 나이는 15세였고, 디에고는 36세였다. 학교 벽화 작업을 하던 그를 두고 친구들은 '늙은 뚱보'라 조롱했지만 그녀의 눈에는 위대한 화가로만 보였다. 그 후 사고를 당한 프리다 칼로가 화가의 꿈을 꾸면서 둘 사이에 사랑이 싹

트고, 마침내 7년 후 결혼하기에 이른다. 그녀의 부모님은 아버지뻘 되는 사람과 결혼하는 것을 못마땅하게 여겼다고 한다. 공산주의자인 데다 뚱뚱하고 못생겼다며 "코끼리와 비둘기가 결혼하는 꼴 같다"고까지 말했다. 하지만 콩깍지가 제대로 씌었던 그녀 귀에 주변의 말이 들어올 리 없었다. 당시 디에고는 '멕시코의 레닌'이라 불리며 미국은 물론 유럽에서도 현대 미술의 거장으로 인정받고 있었다. 독학으로 그림을 시작해 이제 겨우 병아리 화가 취급을 받던 그녀에게는 꿈같은 경지였다.

그러나 그토록 사랑했던 남편은 얼마 안 가 증오의 대상이 되고 말았다. 그의 못 말리는 바람기 때문이었다. 디에고는 수많은 여인들과 관계를 맺고 심지어 그녀의 여동생인 크리스티나에게까지 마수를 뻗쳤다. 그 충격으로 칼로는 세 차례나 유산을 했고, 정신적으로 점점 황폐해져갔다.

그럼에도 남편에 대한 그녀의 사랑은 변하지 않았다. 심장을 도려내는 아픔이었지만 인내하고 인내했다. 이혼과 재혼을 거듭하는 등 마찰이 끊이지 않은 관계였으나, 디에고를 진심으로 사랑한 칼로는 자신의 분노보다 더 강한 사랑 앞에 스스로 무너졌다. 그리고 그 사랑을 자신의 그림에 줄기차게 담아냈다.

다음의 두 그림 모두 디에고에 대한 그녀의 집착을 잘 보여주는 작품이다. 〈테후아나를 입은 자화상〉에서 그녀는 자신의 이마에 디에고를 그려 넣었다. 디에고를 자신의 모든 것이라 여기며, 1분 1초라

왼쪽_테후아나를 입은 자화상, 프리다 칼로, 1943년, 섬유판에 유채, 76×61cm, 개인소장
오른쪽_우주와 지구, 나, 디에고 그리고 애견 세뇨르 솔로틀의 사랑의 포옹, 프리다 칼로, 1949년,
캔버스에 유채, 70×60.5cm, 멕시코시티 자크앤나타샤 겔만 컬렉션

도 디에고를 잊어본 적이 없음을 보여준다. 이미 한 차례 이혼과 재혼을 했던 터라, 스스로에게 디에고와의 재결합이 어떤 의미인지 다지기 위한 그림이라고도 해석할 수 있다.

오른쪽 그림은 여성으로서의 세계와 자아를 표현하고 있다. 그림에서 우주는 양성적인 존재이고 지구는 여성으로 표현되었다. 그녀 자신은 우주 그리고 지구와 함께 고통당하는 여성으로 그려져 있다. 남편 디에고가 그녀의 품에 어린아이처럼 안겨 있는 모습이 이채롭다. 디에고의 이마 한가운데에 그려진 큰 눈과 손에 쥔 불은 이성과 문명을 상징한다. 독점적 소유자로서 남성의 위대함을 나타내는 것일 수도 있지만, 그보다는 문명에 의해 적대적으로 이분화된 세계에서 이런 사랑의 포옹을 한다는 것이 얼마나 고통스럽고도 처절한 시도인지에 먼저 공감하게 된다.

인물을 그린 그림을 초상화라고 한다. 초상화portrait는 'portray'의 어원인 라틴어 'protrahere'에서 유래되었다. '발견하다'는 의미가 담긴 protrahere 앞에 '자신'을 뜻하는 'self'를 붙여 '자기 자신을 발견하기 위해 그리는 그림'을 뜻하는 자화상self-portrait이라는 단어가 파생되었다. 결국 자화상이란 화가로 하여금 '나는 누구인가'에 대한 물음으로 붓을 들게 하는 그림이다. 즉 자화상은 물에 비친 자기 모습에 반한 나르시시즘narcissism에서 시작된 것이 아니라, 자신의 정체성에 대한 고민에서 비롯된 그림이다.

성찰하는 그림, 자화상은 프리다 칼로에게 어떤 의미였을까? 죽음이 차라리 편했을 것 같은 고통에서 벗어나는 길은 그림을 그리는 것밖에 없었다. 그리는 동안에는 모든 근심과 걱정을 잊을 수 있었다. 그러나 그녀가 붓을 쥐고 마주선 대상은 다름 아닌 자신이었다. 고통에서 벗어나기 위해 그림을 그렸지만, 그녀는 무작정 현실에서 도망치지 않았다. 자신의 처절한 현실을 그리며 자신을 돌아보고 정체성을 확립해갔다. 그럼으로써 그녀는 좀 더 강해졌을지도 모른다.

프리다 칼로의 작품만큼이나 강렬한 자화상이 또 있다. 그렇다. 바로 고흐의 〈귀에 붕대를 감은 자화상〉이다. 그 또한 프리다 칼로만큼 많은 자화상을 남겼지만, 이 작품만큼 깊은 인상을 남긴 작품은 없을 것이다. 1888년 12월 23일 밤에 일어난 고흐의 자해 사건을 다룬 그림이다. 정신병의 징후를 적나라하게 보여줄 뿐 아니라 자해의 결과까지 담고 있다. 자신의 치부를 역사에 남긴 대단히 솔직한 그림이다.

그는 왜 이처럼 부끄러운 자신의 모습을 남겼을까? 여러 가지 이유가 있겠지만, 어리석은 자신을 반성하기 위한 자아비판적 목적이라 짐작할 수 있다. 또한 마음을 다잡아 새롭게 시작해보자는 확고한 신념일 수도 있다. 프리다 칼로에게서 보았던 것처럼, 자화상은 화가들이 현실적 고통과 패배를 이겨내는 가장 적극적인 방법이다.

이런 맥락에서 보면, 명예와 풍요 속에 살다 간 피카소의 삶은 자

귀에 붕대를 감은 자화상, 빈세트 반 고흐, 1889년, 캔버스에 유채, 60×49cm, 런던 커톨드 미술관

① 자화상, 1901년 ② 자화상, 1901년
③ 팔레트를 들고 있는 자화상, 1906년 ④ 자화상, 1938년 ⑤ 자화상, 1972년

화상과는 거리가 먼 것 같기도 하다. 그러나 그 또한 몇 점의 자화상을 남겼다. 왼쪽에 소개된 피카소의 자화상은 각각 청색 시대와 장밋빛 시대, 그리고 1972년 죽기 전의 모습을 담고 있다. 프리다 칼로나 렘브란트만큼 많이 그리지는 않았지만, 피카소의 자화상을 보면 그 당시의 배경과 심정을 충분히 짐작할 수 있다.

①번 그림을 보자. 친구의 자살과 절망을 겪으며 그린 것이다. 전체적으로 어두운 톤에, 사색에 잠긴 듯 불안하고 혼돈스러운 마음이 고스란히 드러난다. ②의 그림은 청색 시대의 작품이다. 피카소는 파란색이야말로 세상에서 가장 처절한 절망을 뜻하는 색이라고 생각했다. 그림 속 인물은 인생의 고달픔을 다 겪은 중년의 모습으로 보이지만 당시 그의 나이는 불과 21세였다. 파릇파릇해야 할 청년 피카소는 타국에서 궁핍한 생활을 하며 볼이 푹 꺼지고 창백한 얼굴에 면도조차 하지 못한 모습으로 그려졌다.

그 후 야수파의 대표주자인 마티스와 조우하면서 그의 화풍과 삶에도 큰 변화가 찾아온다. ③의 그림에서 보듯이 색채는 한층 밝고 화려해졌고, 표정 또한 밝고 자신감이 엿보인다. ④번 그림은 유럽의 불안과 전쟁에 대한 분노를 담았다. 이때 그는 이미 20세기 최고의 화가로 추앙받고 있었다. 그러나 세월 앞에 장사 없는 법, ⑤번 작품은 생을 마감하기 전에 남긴 것이다. 인생에 대한 회한이 그대로 묻어나는 얼굴이지만, 세상을 통찰하겠다는 눈빛만큼은 여전히 강렬하다.

피카소의 자화상을 보면 마치 일기를 보는 듯하다. 힘들고 고통스러웠던 시기, 그것을 극복하려는 의지, 시대적 한계를 넘어 새로운 한계에 도전하는 도전정신, 그리고 겸허하게 죽음을 맞이하는 태도에서 인생의 숭고함마저 느껴진다.


## 거울속의 모습 그대로를 인정하라

피카소를 비롯해 프리다 칼로, 고흐, 렘브란트 등 세계적 거장들은 예외 없이 자화상을 그렸다. 특히 삶이 허망하거나 고뇌와 슬픔으로 가득 찼을 때 자화상을 그렸다. 그때가 자신의 진짜 모습임을 인식하며, 통렬하게 반성하고 마음을 정리한 것이다. 이 모든 마음수련을 마치면 비로소 자신에 대한 확고한 신념이 일어난다. 눈앞에 닥친 현실은 고통과 번뇌를 안기지만, 그럴수록 예술에 대한 자신의 신념은 더욱 단련되고 있다고 믿는다. 결국 그 신념은 자신의 정체성을 확립해주고, 삶과 그림에 대한 새로운 희망으로 드러난다.

이쯤에서 생각해보자. 당신의 자화상은 어떠한가? 당신은 스스로를 얼마나 자주 들여다보는가?

대부분의 사람들은 죽기 전에 영정사진을 찍는다. 사진을 찍고 나면 복잡한 회한에 젖는다. 자신의 지나온 삶을 돌이켜보니 후회되기도 하고 미련도 남는다. 그러나 이미 늦은 후다. 그래서 영정사진을 보며 뒤늦은 회한에 젖기 전에, 매일매일 거울을 보듯 있는 그대로 자신을 들여다봐야 한다. 그러나 우리의 일상은 어떠한가? 매일 아침 거울 앞에서 면도도 하고 화장도 하고 옷매무새도 고치지만 정작 마음에 있는 거울은 볼 줄 모른다.

일찍이 맹자는 '일일삼성一日三省'을 가르치며 마음의 창窓인 거울을 통해 남이 보지 않는 내면의 모습을 되새겨보라고 강조했다. 사람의 마음이 거울과 같으면 평온해진다. 있는 모습을 그대로 받아들일 뿐 외부 환경 변화에 마음이 흔들리지 않으니 하는 일도 쉽게 성취할 수 있다.

《장자의 내려놓음》에 다음의 이야기가 나온다.

옛날 어느 성에 아름다운 공주가 살았다. 특히 공주의 머리카락은 너무나 풍성하고 아름다웠다. 그러나 이 아름다운 공주는 어려서부터 성안의 높은 탑에 갇혀서 지냈다. 공주를 가둔 마귀할멈은 하루도 빠지지 않고 공주가 미워지게 해달라고 기도를 했다. 어느 날, 잘생긴 젊은 왕자가 탑 아래를 지나가다 공주의 아름다운 모습에 한눈에 반했다. 이때부터 왕자는 날마다 공주가 갇힌 탑 아래에서 공주를 바라보며 황홀해했다. 왕자의 눈을 통해 공주는 비로소 자신의 아름다움을 깨달았다. 더 중요한 것은 자유에 대한 희망을 발견할 수 있었다는 사실이다. 공주는 탑 아래로 자신의 기다란 머리카락을 늘어뜨려 왕자가 탑 꼭대기로 올라와 자신을 구하도록 했다.

사실, 공주를 탑에 가둔 것은 다름 아닌 공주 자신이었다. 탑에서 함께 살던 마귀할멈 역시 공주의 자아로, 자아 속 마귀의 말을 듣고는 자신을 못생겼다고 생각하고 스스로 탑에 가둬 남들에게 보여주지 않았던 것이다.[4]

많은 이들이 우화 속 공주처럼 고민과 번뇌에 빠져 스스로를 옭아맨다. 다른 사람이 자신을 어떻게 생각할지 두려워 전전긍긍하다가 스스로에게 족쇄를 채운다. 다른 사람이 자신을 나쁘게 볼 것이라 지레 짐작하고 자신의 손발을 묶어 앞으로 나아가지 못하게 만드는 것이다. 심지어 어떤 경우에는 끊임없이 자기 암시를 주기도 한다. 자신이 못났기 때문에 훌륭한 남편이나 아내가 될 수 없고, 좋은 부모도 될 수 없으며, 착한 자식도 될 수 없다고 스스로를 탓한다. 결국에는 자신을 둘러싼 환경을 탓하거나 운명이니 어쩔 수 없다며 하늘을 원망한다.

인생은 비포장도로와 같다. 결코 순탄하지 않다. 살다 보면 변수도 많고 힘든 일과 갈등도 숱하게 겪으며 어떤 때에는 무력증에 빠지기도 한다. 조금만 정신을 놓았다가는 스스로 방향을 잃어 인생의 미아가 되기 십상이다. 그럴수록 마음의 거울에 자신을 비춰보고 자신의 본모습을 들여다보는 노력이 필요하다. 다른 사람의 눈에 들려고 애쓰기 전에, 자아를 잃지 않으려는 노력이 먼저다. 그렇게 하면 자아를 찾아 성취하는 즐거움을 누릴 수 있다.

## 당신에게는 내면을 보는 눈이 있는가?

널리 게르만 민족이 숭앙한 주신主神 오딘은 천공天空 또는 바람의 신으로, 고대 인도의 풍신風神 바타와도 가깝다. 처음에는 농민이 섬기는 토르신보다 하위에 있었던 듯하나, 귀족 전사계급이 세력을 얻음에 따라 싸움의 신으로 격상되었다. 그 후 《에다》에 이르러 '만물의 아버지', 즉 천지와 인간의 창조자로 기록되며 모든 신을 자신의 아들로 두게 되었다.

천상에 거주하며 끊임없이 세상을 살피는 오딘의 가장 중요한 임무는 거인족의 횡포에 맞서 세상을 수호하고, 신들이 벌이는 최후의 전투에 대비하는 것이었다.

이를 위해서는 거인족 미미르가 지키는 지혜의 샘물을 마셔야 했다. 단, 여기에는 조건이 있다. 샘물을 마시려는 자는 한쪽 눈을 뽑아 바쳐야 한다. 오딘은 심각한 고민에 빠진다. 지혜를 얻는 대가로 한쪽 눈을 희생하느냐, 아니면 샘물을 포기하느냐? 그러나 오딘은 거인족과 싸워 이겨야 한다는 사명감과 악의 위협에서 세상을 구해야 한다는 생각뿐이었다. 거인족의 횡포를 방치할 경우 신과 인간에게 닥칠 고통과 괴로움이 눈앞에 선명하게 떠올랐다. 결국 오딘은 한쪽 눈을 뽑아 미미르의 샘에 던지고, 그 보상으로 샘물을 마신다.

한쪽 눈을 잃은 대가로 얻은 오딘의 지혜는 내면의 지혜이자 성찰의 지혜다. 지혜를 얻은 오딘은 초월적인 세계와 교감하며 세상을 보다 균형 있게 바라볼 수 있게 되었다. 그에게 육체의 눈은 바깥세상을 보는 눈이고, 뽑아버린 눈은 육체의 눈이 보지 못하는 세계를 보는 능력과 관련이 있다. 이것은 내면에 대한 성찰이며 또한 초월적인 세계와의 교감을 뜻한다. 이러한 균형을 통해 오딘은 내면과 외면의 조화에 도달할 수 있었다.[5]

인간이 외부 세계를 인지하는 통로는 대개 시각을 통해서다. 우리는 눈을 통해 세상을 보고, 세상을 알아간다. 그러나 육체의 눈이 전하는 자극만으로 살아서는 안 된다. 오딘의 사라진 눈처럼, 육체의 눈이 보지 못하는 세계를 보는 능력을 가져야 한다. 특히 인간의 삶이 고단하고 고통이 증폭될수록 시선은 자신의 내면을 향해야 한다. 눈으로 세상을 보듯, 거울을 보고 자신의 내면을 향한 채 '나는 누구인가', '나는 어디로 가는가', '나는 무엇을 해야 하는가'라는 질문을 자신에게 던져보고 나와 세상 사이의 거리를 확인해가며 성찰해야 한다. 이를 극복하는 과정에서 한 인간으로서의 정체성이 드러난다. 위기에 직면했을 때 그 사람의 본모습을 알 수 있다고 하지 않는가.

고통과 위기의 순간일수록 내적 성찰이 필요한 것은 개인뿐 아니라 기업도 마찬가지다. 이 과정에서 그 기업의 성숙도랄까, 정체성이 드러난다.

2001년 미국의 7대 기업 가운데 하나이자, 최대의 에너지 기업으로 꼽히던 엔론이 파산했다. 휴스턴에 호화로운 본사 건물을 소유하고, 약 2만 명의 직원을 거느렸던 엔론은 한때 경제전문지 〈포춘〉이 선정한 '미국에서 가장 혁신적인 기업' 리스트에 6년 연속 오르는 등, 미국을 대표하는 혁신기업으로 추앙받았다.

그러던 엔론은 왜 갑자기 도산했을까? 잘 알려졌다시피 주요 원인 가운데 하나는 분식회계였다. 엔론의 회계처리 기준은 매우 공격적이었다. 보유자산의 가치를 원가가 아니라 시가평가 회계로 인식하고 자산가치를 부풀렸다. 그러고도 은행에서 돈을 빌릴 수 없게 되자 자산을 증권화해 시장에 매각하는 방식으로 자금을 조달했다. 이른바 자산유동화증권ABS의 개념을 도입한 것이다. 파산 직전에 이르렀을 때 ABS 방식으로 조달한 부채는 20억 달러가 넘었다. 아무리 기업의 목적이 이윤추구라 하지만, 비윤리적 방법으로 위선과 탐욕을 채우려 한 결과는 참혹했다.

이런 와중에도 엔론의 리더들은 자신의 현실을 직시하지 못했다. 엔론은 파산보호 신청을 하루 앞두고 500여 명의 직원과 11명의 임원에게 적게는 50만 달러에서 많게는 500만 달러에 이르는 특별상여금을 지급했다. CEO와 감사, 사외이사들은 회계문제에 대한 보고를 받은 직후 스톡옵션을 행사하거나 보유 주식을 매각하기도 했다. 이처럼 심각한 도덕적 해이는 어떤 상태에서 나올 수 있을까? 내적 성찰을 게을리한 리더들이 위기를 조장하고, 더 심화시킨 셈이다. 리더로서 자신의 정체성을 끝까지 인지하지 못한 것이 어쩌면 엔론 파산의 본질적 이유인지도 모른다.

진정한 리더란 자신의 실제 모습과 겉으로 드러나는 이미지를 동일하게 유지해야 한다. 오딘이 한쪽 눈을 잃어가며 초월적 세계와 교감하고 세상을 균형 있게 바라보려 했던 것처럼, 리더는 내적 자아와 외적 자아를 일치시킬 때 진정한 리더가 된다. 위대한 경영자일수록 자아성찰을 부지런히 하고, 위기 앞에서 남을 탓하기보다 자신의 내면을 돌아보는 여유와 식견을 가져야 한다.

이는 한국의 경영자에게 더욱 요구되는 자질이다. 내가 만나본 많은 경영자들이 자신이 무엇을 해야 하는지에 대한 고민은 끊임없이 하면서도 어떤 사람이 되고 싶은지, 자신이 추구하는 것이 무엇인지에 대해서는 별로 고민하지 않았다. 그러다 보니 외부의 시선에 쉽게 흔들리곤 한다. 지속적으로 바뀌는 시대 분위기와 트렌드에 당황하고, 휘둘리고, 거부반응을 보인다. 세상을 눈으로만 바라보고 내적 성찰을 하지 않기 때문에 나타나는 현상이다.

최근 사회적 공분을 산 온갖 기업 리더들의 비리 및 추문 또한 마찬가지 맥락에서 해석할 수 있다. 2011년 부산저축은행의 대규모 비리사건, 2014년 대한항공 땅콩회항 사건, 2015년 111년 전통의 몽고 간장 회장의 '갑질' 사건, 2016년 대림산업 부회장의 운전기사 상습 폭행, 최순실 게이트 등 끊임없는 사건이 사회에 혼란을 가중시키고 있다. 심지어 문제가 드러났음에도 많은 경영자들이 반성은커녕 해당 직원이나 고객을 협박해서 자신의 행위를 정당화하기 일쑤였다. 외적 자아는 엄연한 대기업 리더이지만, 정작 내적 자아는 리더로서 함량미달이었기 때문에 불거진 사태다. 자신이 리더로서 어떠해야 하는지에 대해 평소에 생각하지 않고, 그저 이윤과 지위만 탐닉한 결과라 할 것이다. 이런 맥락에서 자아를 돌아보는 성찰은 리더십을 강화하는 데 매우 중요한 요소가 아닐 수 없다.

사람의 마음은 거울과 같다. 거울에 비친 모습이 자신의 본모습이니 굳이 다른 사람의 모습에 부합하려고 애쓸 필요가 없다. 그러니 우선 마음을 잘 들여다보라. 마음의 자화상을 그려라. 마음의 거울을 통해 자신을 성찰하며 후회 없고 의미 있는 인생을 만들어가자. 피카소와 프리다 칼로, 고흐가 그랬던 것처럼….

나아가 성찰을 통해 자신의 정체성을 찾았다면 이제 그 가치를 한마디로 표현해보자. 김춘수의 시 〈꽃〉에서 노래했듯이, 꽃도 이름을 불러주었을 때 비로소 의미를 갖게 된다. 당신을 표현하는 한마디를 만들자. 당신이 어떤 사람이고 어떻게 살고 있는가를 표현해보자. 그 한마디가 인생의 나침반이 되고 삶의 이정표가 될 것이다.

2장

영감을
얻되
흉내 내지
않는다

"무엇을 만들어야 하는지
정확하게 알고 있다면
왜 그것을 해야 하는가?
이미 알고 있는 것은
전혀 흥미롭지 않다.
그럴 바엔 다른 것을
하는 것이 훨씬 낫다."

—파블로 피카소

# 눈에 보이는 것
## 너머를 본다

　　　　여기 아름다운 여인이 있다. 큰 눈에 하얀 피부, 오뚝한 코, 풍만한 몸매를 가진 그녀가 부끄러운 듯 수줍은 표정을 짓고 있다. 허리까지 알몸을 드러내고 한손은 다리 위에, 다른 한손은 왼쪽 가슴에 얹어놓았다. 얇은 베일을 끌어올렸지만 가슴을 가리지는 못했다. 아니, 일부러 가슴을 부각시키려는 듯한 의도마저 느껴져 관능미를 극대화한다.

　　이 그림은 이탈리아 화가 라파엘로Sanzio Raffaello가 그린 〈라 포르나리나〉라는 작품이다. 이탈리아 움브리아 우르비노에서 태어난 그는 레오나르도 다빈치, 미켈란젤로와 함께 르네상스의 고전적 예술을 완성한 3대 천재 예술가 중 한 사람이다. 움브리아파의 스승 페루지

라 포르나리나, 라파엘로 산치오, 1518~1519년,
목판에 유채, 85×60cm, 로마 보르게제 미술관

노에게서 그림을 배웠으나, 후일에는 피렌체파의 화풍으로 발전했고 레오나르도 다빈치의 영향도 많이 받은 것으로 알려져 있다. 〈갈라테아의 승리〉, 〈어느 추기경의 초상〉 등의 작품이 있다.

'라 포르나리나'는 '제빵사의 딸'이라는 뜻으로, 라파엘로의 연인으로 알려져 있다. 1519년 이탈리아 귀족으로부터 그림을 부탁받은 라파엘로는 순수하고도 관능적인 성모 마리아를 그리고 싶었다. 그때 라파엘로가 찾은 모델이 마르게리타 루티였다. 큰 눈에 흰 피부, 풍만한 몸매를 가진 그녀의 매력에 라파엘로는 이내 매료되었고, 그녀를 모델로 여러 점의 성모 마리아 그림을 완성했다. 그와 함께 두 사람은 연인 사이로 발전했다.

그러나 마르게리타는 빈민계급이었고, 설상가상으로 라파엘로는 추기경의 조카와 약혼한 몸이었다. 만약 열애 사실이 세간에 알려진다면 교황청의 신임을 잃게 될 것은 불 보듯 뻔한 일. 라파엘로는 마르게리타와의 열애를 감추기에 급급했고, 결국 그녀는 지쳐 라파엘로를 떠났다. 떠나버린 그녀를 그리워하며 1년여 동안 그린 그림이 바로 〈라 포르나리나〉다. 그 후 라파엘로의 노력으로 두 사람은 재회했지만, 1년 뒤인 1520년 4월 고열에 시달리던 라파엘로는 37세의 젊은 나이로 세상을 떠나고 말았다.

서로를 향한 마음이 얼마나 강렬했는지 이 그림 속에 고스란히 담겨 있다. 여인의 왼쪽 팔에는 '우르비노의 라파엘로'라 새겨진 르네상스 스타일의 팔찌가 채워져 있다. 마치 라파엘로가 "그녀는 내 여자야!"라고 세상에 외치는 것 같다. 비너스를 상징하는 은매화 나무와 세속적 사랑을 뜻하는 모과나무가 보이는 배경은 두 사람의 애정의 밀도를 능히 짐작하게 한다. 생전 라파엘로의 작업실에는 늘 이 초상화가 이젤에 놓여 있었지만, 항상 천으로 가려져 있었다. 라파엘로는 이 그림의 존재를 아무에게도 알리지 않았다. 그것은 둘만의 비밀이었다. 화가와 모델은 그들이 원할 때 언제든지 작업을 중단했다가 다시 시작하곤 했다. 그녀가 포즈를 취하고 그가 이젤 앞에 서는 것은 둘만의 뜨거운 사랑을 위한 변함없는 구실이었다. 여기까지가 우리가 알고 있는 이 작품의 전부다.


## 라파엘로 그림에 담긴 죽음의 징후

라파엘로는 추기경 조카와의 결혼을 포기할 정도로 마르게리타를 사랑했다. 사랑의 단서는 왼팔에 두른 팔찌나 배경의 나무장식 외에도 하나 더 있다. 여인의 왼손에 끼어졌던 약혼반지가 그것이다. 이 반지는 라파엘로가 죽은 후 그의 제자인 로마노가 덧칠해 지웠다고 한다. 그녀의 존재를 숨기기 위해서였으리라. 이 반지의 존재는 라파엘로 사후 500여 년이 지난 2001년에야 복원전문가들의 X-레이 투시작업에 의해 발견되었다.

놀라운 이야기는 여기서 끝나지 않는다. 라파엘로는 이 그림을 완성한 이듬해 세상을 떠났다. 그가 죽은 뒤 수녀가 된 여인도 2년 만에 연인의 뒤를 따랐다. 그리고 그들은 미처 알아채지 못했겠지만, 이 그림은 그녀의 죽음을 암시하고 있었다.

이를 밝혀낸 것 또한 20세기의 과학기술이었다. 복원전문가들은 감정 결과 이 그림이 수정된 적 없이 자연스럽게 그려진 라파엘로의 진품임을 확인했다. 그런데 엉뚱하게도 의사와 의학전문가들이 이 그림에 관심을 보이기 시작했다. 특히 미국 조지타운 대학의 에피날 Carlos Hugo Epinal 박사는 검푸른 빛이 도는 그녀의 왼쪽 가슴에 주목했다. 에피날 박사는 방사선 촬영을 통해 작품 속 그녀의 건강을 정밀 검진한 결과를 영국의 유명 의학전문지인 〈더 랜싯The Lancet〉에 게재했다.

다시 그림을 보자. 오른쪽 가슴은 형태가 양호하고 피부도 매끄럽다. 반면 왼쪽 가슴은 오른쪽에 비해 넓게 퍼져 있고 형태도 일그러진 상태다. 피부도 푸르스름한 멍이 잡힌 것 같다.

에피날 박사는 유방의 형태와 색을 주의 깊게 분석한 결과 "왼쪽 검지 끝의 위쪽으로 공 모양의 단단한 타원형 덩어리를 확인할 수 있다. 이 종기 아래 부분에서 가슴이 처진다. 이 종양은 검지의 위치 때문에 더욱 두드러져 보이며, 말기 형태를 드러낸다. 유두가 일그러지지는 않았지만, 유방의 피부는 변색되었다. 종양이 드러내는 이 검푸른 색은 팔에서 유두까지 이어진다. 이는 기름혹 또는 리포이드lipoid 소결절 때문에 생긴 융기다. 그녀의 왼팔은 보는 각도에 따라 정상보다 굵어 보인다"라고 진단했다. 아울러 에피날 박사는 "방사선촬영 결과와 반사복사를 분석한 결과, 라파엘로는 이 푸르스름한 형태를 정확하게 표현하고자 여러 가지 수단을 동원했음을 알 수 있다"고 확언했다. 실제로 라파엘로는 그녀의 상체를 표현하기 위해 검정, 갈색, 회색, 빨강, 파랑, 크림색, 장미색 등 모두 8가지 색으로 피부빛과 명암의 차이를 표현했다. 이를 토대로 에피날 박사는 최종 진단을 내린다. "그녀는 유방암 증세를 보이고 있다."6

## 보지 말고 관찰하라

〈라 포르나리나〉는 이론의 여지없는 명작이다. 훗날 앵그르Jean Auguste Dominique Ingres에서 피카소에 이르기까지 많은 화가가 이 그림을 모사했다. 자신에게 영감을 준 여인들과 곧잘 사랑에 빠졌던 피카소는 이 그림에 더욱 감응했을지도 모르겠다. 모델이 관객을 의식하지 않고 때로는 화가의 존재마저 잊어버린, 시간이 멈춘 순간. 화가는 그 장면을 포착하기 위해 연인이기를 멈추고 냉정한 관찰자가 된다. 예술가의 시선은 현실과 밀착해 있었고, 암을 진단하는 방사선만큼이나 예리했다. 대상의 어느 한 부분 하나도 놓치지 않고 깊이 보는 눈이 있었기에 이 아름다운 작품을 완성할 수 있었다.

현실세계를 뛰어넘는 아름다움, 현실에 없는 새로운 가치를 창조하겠다고 하면서 섣불리 현실을 도외시하는 경우가 있다. 그러나 창조 이전에 관찰이 있다. 현실을 치밀하게 보는 관찰능력이 창조역량을 북돋을 수 있다. 라파엘로가 입증했듯이 말이다.

그렇다면 어떻게 라파엘로처럼 높은 수준의 관찰능력을 발휘할 수 있을까? 11세기 중국 북송北宋시대의 문인이자 화가인 문동文同을 통해 그 해답을 찾아보자.

일찍이 문동은 대나무를 잘 그리기로 이름이 높아, 그를 중심으로 묵죽墨竹을 즐긴 호주죽파湖州竹派가 형성될 정도였다. 그가 이러한 명성을 얻은 것은 결코 우연이 아니었다.

문동은 자기 집 앞뒤 마당에 여러 종류의 대나무를 가득 심고서 춘하추동, 흐리거나 맑거나 바람 불거나 비 오거나 항상 대숲에 가서 대나무의 성장과 변화를 관찰했다. 그리하여 대나무의 길이와 굵기, 댓잎의 모양과 색깔 등을 음미해보고 새로운 느낌을 얻으면 곧 방으로 돌아와 지필묵을 준비해 마음속의 대나무 이미지를 그렸다. 이렇게 반복하기를 계속하자 다른 계절, 다른 날씨, 다른 시각의 대나무 형상이 모두 그의 마음속 깊이 새겨지게 되었다. 이윽고 붓을 들기만 하면 즉시 평소에 관찰했던 각종 모습의 대나무를 생생히 재현해낼 수 있었다. 대나무를 그릴 때 그는 침착하면서도 자신감에 차 있었고, 그가 그린 대나무는 마치 실물 같은 착각마저 들게 했다. 사람들이 그림을 보고 칭찬을 아끼지 않으면, 그는 늘 겸손하게 "나는 단지 내 마음속에 이루어진 대나무를 그려낼 뿐입니다"라고 대답했다.

이 이야기를 바탕으로 '흉유성죽<sup>胸有成竹</sup>'이라는 고사성어가 나왔다. '마음속에 이미 완성된 대나무가 있다'는 말은 '어떤 일을 하기 전에 충분한 준비가 돼 있어 그 일의 성공을 자신한다'는 뜻이다. 또 어떤 일을 철저히 대비해 당황하지 않고 침착하게 처리할 때 이를 비유하는 말로 쓰기도 한다. 라파엘로가 〈라 포르나리나〉라는 작품을 남길 수 있었던 것은 라파엘로의 마음속에 이미 마르게리타와의 완성된 사랑이 있었기 때문 아니었을까.

라파엘로나 문동의 이야기에서 느낄 수 있듯이, 관찰은 눈으로만 하는 것이 아니다. 수동적으로 '보기'만 하는 게 아니라 적극적으로 '관찰'해야 한다. 둘 사이의 차이가 모호하다면, 당신의 관찰력은 어느 정도인지 간단한 테스트를 해보자. 당신 앞에 놓인 것, 예컨대 컴퓨터를 켜고 관찰한 것을 묘사해보라. 컴퓨터의 본체나 모니터, 키보드 버튼처럼 표면적인 것을 나열하는 데 그치지 말고 더 본질적인 관찰을 해야 한다. 관찰한 것을 메모하고 스케치해보라. 그런 다음 이

장을 다 읽고, 어떻게 했더라면 관찰을 다르게 할 수 있었을지 생각해보자.

## 본질을 보는 자만이 새로움을 만들 수 있다

적극적으로 관찰하려면 우선 눈, 코, 귀, 손 등은 물론 마음까지 훈련해야 한다. 미국의 화가이자 '팝 아트의 아버지'로 불리는 제스퍼 존스Jasper Johns는 "미술행위에서 수련의 대상은 마음, 귀, 눈 등 무엇이든 가능하다. 이 모든 것들을 단련시킴으로써 감각은 우리의 삶에서 일어나는 어떤 것에도 감응할 수 있게 된다"고 강조했다. 비단 예술가뿐 아니라 과학자들도 관찰력을 기르기 위해 이러한 수련행위를 했다. 19세기 해부학자 프랜시스 세이모어 헤이든은 과거 화가들이 필수적으로 해부학을 공부했던 것처럼 자신이 가르치는 모든 학생들에게 미술을 공부하도록 했다. 사물을 적극적으로 볼 수 있는 관찰능력을 키우기 위해서였다.7 화학자인 루이 파스퇴르, 영국의 외과의사인 조지프 리스터, 미국의 물리학자인 앨버트 마이컬슨 등 위대한 과학자들이 공식적인 미술교육을 받은 것도 같은 이유에서였다. 보기는 보되, 겉으로 보이는 것 너머에 있는 것을 보기 위해서다.

보이는 것 너머의 것을 본다… 다음의 작품을 통해 그 의미를 이해해보자. 루마니아의 조각가인 콘스탄틴 브랑쿠시Constantin Brancusi의

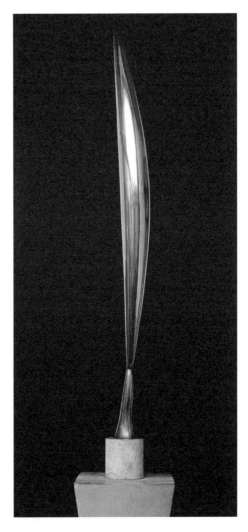

공간의 새, 콘스탄티 브랑쿠시, 1928년,
청동 조각, 높이 137.2cm, 뉴욕 현대미술관(출처 : 게티이미지코리아)

대표작인 〈공간의 새〉다.

이 조각상은 허공을 날아가는 새의 모습을 표현한 것이다. 그런데 보시다시피 조각상은 전혀 새를 닮지 않았다. 날개는커녕 부리와 머리도 보이지 않고, 새의 생김새를 어디에도 찾을 수 없다. 허탈해하는 사람들에게 브랑쿠시는 이렇게 설명한다.

"물고기를 보면서 우리는 비늘을 생각하지 않는다. 하지만 물 속에서 물고기가 움직일 때마다 발산하는 빛과 날쌘 동작에는 시선을 빼앗긴다. 내가 표현하고자 한 것도 바로 그런 것이다. 만약 물고기의 지느러미나 비늘, 눈을 똑같이 재현한다면, 그것은 물고기의 움직임을 표현하는 것이 아니라 물고기 견본을 만드는 데 불과하다. 내가 표현하고자 한 것은 물고기의 외형이 아니라 핵심인 번득임이다."[8]

그렇다. 브랑쿠시는 그의 오감과 느낌을 동원해 하늘을 재빠르게 날아가는 새의 외양보다는 나는 것, 즉 비행의 핵심에 초점을 맞춰 조각에 표현했다. 물고기의 핵심이 비늘이라면 새의 핵심은 바로 깃털이었던 것이다. 새의 구체적인 형태를 재현하는 대신 새의 핵심인 퍼덕이는 날갯짓, 속도감을 표현했던 것이다.

이처럼 적극적 관찰이란 사물의 본질을 보는 능력을 가리킨다. 이는 자연현상에서 발견되는 사물을 모방하고 재현하는 것이 아니라 그것들이 형성된 과정들을 추적해 사물의 근본을 밝혀내는 능력을 말한다. 즉 모든 사물의 외양을 넘어 이면을 들여다보고, 그 핵심을 파악하는 것을 말한다.

이 능력을 리더의 역량에 적용해보자. 리더가 발휘해야 할 리더십은 어떤 것일까? 겉으로 보이는 리더십이란 주로 지시하고 조직을 장악하는 능력으로 표현된다. 그러나 이것이 과연 리더십의 본질일까? CEO는 기업의 최고 리더이기도 하지만, 'Chief Executive Officer'라는 단어를 곱씹어보면 리더십의 보편적 본질을 품고 있음을 알게 된다. 이를 통해 리더십의 본질을 생각해보자.

첫 번째, 'Chief'의 자리에 있는 만큼 리더의 책임은 무겁다. 물론 이 책임은 유한책임이 아닌 무한책임이다. 2014년, 온 국민의 가슴을 아프게 했던 세월호 침몰에서 선장은 책임을 망각했다. 지휘는커녕 본인 한 몸 살겠다고 모든 책임을 내팽개치고 배를 빠져나왔다. 리더는 모든 영역에 책임을 져야 한다. 권한위임을 한다 해도 책임까지 위임되는 것은 아니다. 권한위임이라는 미명 하에 책임을 부하직원에게 두는 리더는 그 순간 리더로서 존재가치를 잃고 만다. 나아가 리더의 책임은 양보할 수 없는 리더의 고유한 권한이기도 하다. 그 권한에 대한 책임을 다했을 때 리더로서 가치가 있는 것이다.

두 번째, 'Executive'에 담긴 본질은 '솔선수범'이다. 진정한 리더는 백 마디 말보다 한 번의 행동으로 그 가치를 보인다. 그러나 현실의 리더들은 책상에 앉아서 한마디 말로 리더십을 발휘하는 경우가 많다. 그러나 오늘날은 고도화된 지식사회다. 이미 직원들은 배울 만큼 배운 지식인이다. 그래서 말로만 발휘하는 리더십에는 별다른 감흥을 느끼지 못한다. 따라서 리더는 머리가 아니라 몸으로 이끌어야 한다. 2001년, 창사 이래 최악의 경영난을 겪었던 제록스가 2년 만에 흑자로 전환할 수 있었던 것은 CEO였던 앤 멀케이가 2년 동안 하루도 쉬지 않고 전 세계를 돌며 구성원들과 직접 소통하고 몸으로 이끈 실천가였기 때문이다.

세 번째, 'Officer'는 '핵심가치대로 실행한다'는 리더십의 본질을 담고 있다. 핵심가치는 행동 및 의사결정의 기준점을 제시한다. 이나모리 가즈오가 고령임에도 부채 2조 엔의 완전자본잠식에 빠진 일본항공JAL을 회생시킨 것은 그가 경영의 신이기 때문이어서가 아니라 '기본으로 돌아가자'라는 핵심가치를 실행했기 때문이다. 당시 임직원들 누구도 사태를 책임지려 하지 않았다. 주인의식이라곤 찾아볼 수 없었다. 파산선고가 내려졌음에도 '대마불사大馬不死'에 대한 막연한 기대감에 빠져 있었다. 이런 경영진을 대상으로 이나모리 가즈오는 17회에 걸쳐 리더십 교육을 실시했다. 그것도 인간이 행동하는 데 무엇이 중요한지, 사업하는 목적과 의미가 무엇인지 등 철학적인 주제를 다루거나 배려와 신뢰, 진정성, 지행합일, 용기 등 가치관에 대한 내용이 전부였다. 대규모 구조조정을 앞둔 다급한 시점에 한가하게 도덕 교육을 받는 것에 경영진은 당연히 반발했다. 그래도 끈질기게 설득하며 다가서자 그들도 서서히 이나모리 회장의 인생철학과 핵심가치에 마음을 열기 시작했다. 결국 임직원들은 올바른 행동이나 태도 같은 확고한 핵심가치를 갖고 의사결정한다면 어떠한 환경 변화에 맞닥뜨려도 정도正道를 갈 수 있다는 신념을 갖게 되었다.

리더의 자리를 겉으로만 보면 이윤추구가 지상 최고의 목표이고 가치다. 그러나 오감과 느낌으로 조직을 관찰해보라. 사람이 보인다. 조직문화와 핵심가치가 보이고, 구성원들의 열정과 신뢰가 보인다. 리더 자신의 경영철학이 무엇인지도 비로소 뚜렷해진다. 역량 있는 리더가 되려면 외면만 훑고 지나치는 눈이 아니라, 내면을 볼 수 있는 깊은 관찰의 눈을 가져야 한다. 그래야 그 자리가 요구하는 본령을 충족시킬 수 있다.

앞에서 설명했듯이, 피카소 또한 초창기에는 사실적인 그림을 그리는 훈련을 게을리하지 않았다. 아버지의 지도로 비둘기 발만 반복해서 그렸던 그는 어느덧 모델 없이도 사람을 그려낼 수 있을 만큼 실력이 향상되었다. 한 사물을 관찰함으로써 다른 것들도 묘사할 수 있게 된 것이다. 이를 바탕으로 그는 눈에 보이는 것을 넘어 드러나지 않은 정서까지 관찰하여 묘사하기에 이르렀다.

오른쪽 그림을 보자. 〈맹인의 식사〉는 피카소의 청색 시대(1901~04년)를 대표하는 작품이다. 맹인 남자가 홀로 식탁에 앉아 한손에 빵을 들고 다른 손으로 물병을 더듬고 있다. 화폭을 가득 메운 청색은 맹인의 처연한 심경을 더욱 극대화한다. 그의 나이 겨우 21세에 그린 그림이다. 고독과 슬픔, 인간적 고뇌를 청색으로 표현하며 그만의 독특한 세계를 보여주고 있다.

맹인의 식사, 파블로 피카소, 1903년, 캔버스에 유채, 95.3×94.6cm, 뉴욕 메트로폴리탄 미술관

앉아 있는 도라 마르, 파블로 피카소, 1937년,
캔버스에 유채, 92×65cm, 파리 피카소 미술관

화가에게 눈은 생명과 같다. 하지만 눈을 통해 보이는 대상만이 아니라 그 마음을 들여다보고 끄집어낼 수 있는 눈 또한 가져야 한다. 그리고 남들이 보지 못한 것을 보는 눈은, 곧 새로움을 낳는 추동력이 된다.

인간처럼 변하기 싫어하는 동물이 있을까? 제아무리 창의적인 인간이라도 생의 마지막 순간까지 끊임없이 변화하기란 결코 쉬운 일이 아니다. 하지만 피카소는 92년을 살아가는 동안 계속 변화와 개혁을 추구했다. 회화뿐 아니라 조각, 판화, 도자기, 무대미술, 그래픽 아트 등 다른 화가들이 도저히 엄두도 못 낼 만큼 다양한 분야에서 위대한 업적을 남겼다.

왼쪽 그림은 피카소의 연인이었던 도라 마르를 입체주의<sup>cubism</sup> 양식으로 표현한 초상화다. 지금껏 화가들은 대상을 한 시점에서 관찰하면서 그렸다. 그러나 피카소는 원근법과 같은 기존의 미술기법에 구애받지 않고 대상을 여러 각도에서 관찰한 후 각각의 부분들을 한 화면에 조합했다. 입체주의 이전에는 '보이는' 것을 그렸다면 그 이후부터는 작가가 '생각하는' 것을 그리기 시작한 것이다. 입체주의라 하면 대상의 왜곡과 해체에 주목하기 쉽지만, 실제 의도는 대상의 본질을 더 잘 포착하기 위한 시도라고 보아야 한다. 이 사조의 선구자가 다름 아닌 피카소였다.

그림을 좀 더 자세히 보자. 피카소는 아름다운 연인을 마치 괴물처럼 묘사했다. 초점이 잡히지 않는 두 눈, 옆으로 쏠린 코, 날카로운 손

톱, 어긋난 눈썹, 독수리 부리를 생각게 하는 옷 등 한마디로 뒤죽박
죽이다. 이 그림에서 어떤 정서가 느껴지는가? 피카소는 연인을 어
떤 시선으로 바라보고 있는가? 그녀의 아름다움에 감탄하는가? 그
렇지 않다. 오히려 이 그림에는 식어가는 애정이 드러난다.

이처럼 피카소의 그림에는 눈으로 본 것뿐 아니라 마음으로 본 것
도 표현되었다. 서양미술사의 전통을 깬 피카소의 저력은 여기에서
비롯되었다. 바로 시대와 사물을 바라보는 관찰력 말이다.

자, 이제 당신이 묘사한 컴퓨터에 대해 살펴보자. 노트를 펼치고
처음 관찰하면서 빠뜨린 게 얼마나 많은지 보라. 대부분 눈에 보이는
것만 표현하지 않았는가? 관찰이 지나치게 피상적이지는 않은가?
컴퓨터에서 나는 소리도 관찰했는가? 자판 소리, 화면이 꺼지거나
켜질 때 나는 소리도 관찰했는가? 외부 재질은 어떻고, 냄새는 어떠
한가? 가까이서 화면을 보는 느낌과 멀리서 보는 느낌에 어떤 차이
가 있고, 컴퓨터를 마주 앉았을 때 느낌은 어떠한가?

우리가 매일 접하는 컴퓨터 같은 사물에도 지각할 것들은 수없이
많다. 그 이면에 잠재돼 있는 것들을 발견하기 위해서는 관찰력을 키
워야 한다. 남들이 보지 못한 다른 세상을 보려면 말이다.

# 멀리서
# 빌려오라

　　지난 2015년 5월 11일, 피카소의 유화 〈알제의 여인들〉이 세계에서 가장 비싼 미술품 자리에 올랐다. 뉴욕 크리스티 경매에서 1억 7935만 5000달러(약 1965억 원)에 낙찰돼 미술품 경매사상 최고가 기록을 경신한 것이다. 기존 최고가는 영국의 표현주의 화가인 프랜시스 베이컨Francis Bacon의 〈루치안 프로이트의 세 가지 연구〉가 2013년에 기록한 1억 4240만 달러(약 1560억 원)였다.

　　피카소는 그림, 조각 등 총 5만 점에 이르는 엄청난 양의 작품을 남겼다. 이렇게나 많은 작품을 생산할 수 있었던 원동력은 무엇이었을까?

　　바로 '모방'이다.

위_ 알제의 여인들, 들라크루아, 1834년, 캔버스에 유채, 180×229cm, 루브르 박물관
아래_ 알제의 여인들, 파블로 피카소, 1955년, 캔버스에 유채, 114×146.4cm, 개인소장

## 위대한 예술가는 훔친다

 미술사상 최고가를 기록했다는 〈알제의 여인들〉도 사실 19세기 낭만주의 예술의 대표자로 손꼽히는 외젠 들라크루아<sup>Eugène Delacroix</sup>의 동명 작품을 모방한 것이다. 그뿐이랴. 오늘날 누구에게나 잘 알려져 있는 피카소의 대표작인 〈아비뇽의 처녀들〉도 근대 회화의 아버지라 불리는 프랑스 화가 폴 세잔의 〈다섯 명의 목욕하는 여인들〉을 모방한 것이다.

 '목욕하는 여인들'은 전통적으로 화가들이 즐겨 그리던 주제였고, 19세기 들어 판화로 대량 복제돼 출판물로 광범위하게 보급되었다. 세잔의 이 작품은 그가 따랐던 옛 대가들의 흔적도 남아 있지만, 한편으로는 '즐거운 시간을 갖는 누드'라는 전통적 개념과 달리 어색하고 중성적으로 보인다. 실제 모델을 쓰지 않아서 포즈가 어색하다는 이유도 있지만, 세잔의 작법 자체가 기존의 화풍과는 여러 면에서 달랐기 때문이다.

 세잔은 기존의 인상주의가 질서와 균형을 잃었다고 생각해 이를 복원하고자 했다. 그는 일찍이 "자연은 원추형, 원통형, 구형에서 비롯되었다"고 했을 만큼 대상을 극도로 단순화했다. 그럼으로써 명암법이나 원근법에 가려진 대상의 견고한 실체감을 포착하려 했다. 아프리카 미술품에서 영감을 얻고, 대상을 단순화하며 본질에 접근하는 방식을 모색하던 피카소가 세잔의 철학에 영향을 받은 것은 지극

다섯 명의 목욕하는 여인들, 폴 세잔, 19세기경, 캔버스에 유채, 42.2×55cm, 오르세 미술관

히 자연스러운 귀결이었다.

피카소의 모방은 여기서 멈추지 않는다. 이번에는 스페인 바로크를 대표하는 17세기 화가 벨라스케스의 〈시녀들〉이라는 작품이다.

벨라스케스는 1622년부터 스페인의 초상화가로 이름을 알리기 시작했다. 마침내 궁정화가로 임명된 그는 펠리페4세의 궁전에서 왕실 구성원들의 초상화를 그리게 되었다. 이 기간을 포함해 벨라스케스의 전 생애를 통틀어 가장 대표적인 작품은 단연 〈시녀들〉일 것이다. 이 작품은 냉정하고 객관적인 태도와 면밀한 관찰을 기반으로 사실주의를 추구한 벨라스케스 작품의 전형을 보여준다.

다음 페이지의 그림을 보자. 작품의 배경은 마드리드 알카자르 궁전의 발타사르 카를로스 왕자가 머물던 방이다. 그림의 중앙에는 마르가리타 공주가 있다. 그녀 옆에는 시녀가 쟁반에 마실 것을 들고 무릎을 꿇고 있지만 공주는 그녀를 거들떠보지도 않고 정면을 바라보고 있다. 왼쪽에는 그림을 그리는 벨라스케스 자신의 모습이 있고, 오른쪽에는 두 난쟁이와 조용히 엎드린 커다란 개가 있다. 뒤쪽의 거울에는 그녀의 부모인 펠리페4세와 마리아가 비친다. 또 저쪽 창문에는 귀족인 듯한 남자의 모습도 보인다.

이 작품을 자세히 보면 사실적이면서도 바로크적인 분위기가 지배하고 있음을 알 수 있다. 그림 속의 공간은 창과 열린 문으로 들어오는 빛에 의해 나뉘어진다. 또 얼굴이 크고 비굴해 보이는 난쟁이

시녀들, 디에고 벨라스케스, 1656년, 캔버스에 유채, 316×276cm, 프라도 미술관

들, 위엄을 갖추고 있으나 나이 어린 공주, 궁정화가로서 자부심을 보이는 화가 등 각각의 인물 묘사도 사실적이고 뛰어나다. 제각각인 인물의 성격과 이미지, 분할된 공간을 한데 그려놓고도 전혀 분리되지 않은 느낌을 준다. 무엇보다 거울속 국왕 부부가 실제 어디에 위치해 있는지 모호하게 함으로써 그림의 세계와 현실세계의 경계를 무너뜨리고, 그림을 보는 우리도 마치 궁전에 있는 듯한 착각에 빠지게 한다. 왕족 일원과 측근, 고위 성직자 정도만 볼 수 있었던 이 작품은 일반 대중에 공개되면서 큰 주목을 받았고, 작품의 의미를 둘러싼 연구도 활발하게 시도되었다.

이런 이슈를 몰고 다니는 작품을 피카소가 그냥 지나칠 리 없다. 그는 벨라스케스의 〈시녀들 모작〉을 수십 점 남겼다. 그가 유독 이 작품을 반복해서 모방한 이유가 있다. 어린 시절에 이미 웬만한 성인 수준의 조숙한 기교를 익혔던 피카소는, 역설적으로 평생을 어린아이처럼 그리기 위해 노력했다. 자신이 갖지 못했던 아이의 순진한 시각을 갖기 위한 교본이 바로 〈시녀들〉이었던 것이다.

지금까지 피카소가 모방한 대표적인 작품을 소개했다. 그런데 뭔가 이상하지 않은가? 피카소가 들라크루아, 폴 세잔, 벨라스케스 등의 작품을 모방했다 했지만, 모작들은 전혀 모작처럼 느껴지지 않는다. 완전히 다른 작품으로 해석된다. 모방했지만 단순히 모방만 하지는 않았기 때문이다.

피카소가 그린 〈시녀들 모작〉 작품 모음

피카소가 그린 〈시녀들 모작〉 작품 모음

다시 그림을 자세히 보자.

피카소의 〈알제의 여인들〉은 들라크루아의 동명 작품을 재해석해 그린 15개 연작 중 마지막 작품이다. 원작의 해석에서 탈피하기 위해 15번이나 고쳐 그린 것이다. 이 작품에는 특유의 입체주의 화법으로 '휘갈긴' 여인들의 형상이 자유롭고 감각적으로 담겨 있다.

두 번째 작품인 〈아비뇽의 처녀들〉은 어떠한가? 폴 세잔의 작품을 모방했다고 하지만 기존 작품과는 완전히 다른 형태를 보여주고 있다. '모방'이라기보다는 '영향을 받았다'는 표현이 맞지 않을까?

〈시녀들 모작〉 또한 피카소의 단순 모방이라 단정하기에는 무리가 있다. 바르셀로나의 피카소 미술관에 가면 〈시녀들 모작〉이 58점이나 전시돼 있다. 모방으로 시작해서 기존 그림을 파괴하고 재해석한 변화상이 한눈에 보인다. 즉 단순 모방이 아니라 재해석을 거쳐 재탄생, 창작된 것이다. 피카소는 "훌륭한 예술가는 모방하고 위대한 예술가는 훔친다"고 했다. 자신의 말대로, 그는 모방을 통해 모방의 경지를 넘어섰다. 그의 오랜 친구였던 하이메 사바르테스<sup>Jaume Sabartes</sup>가 한 다음의 말처럼 말이다.

"피카소는 길바닥에 굴러다니는 돌에서도 영감을 얻었다. 그러나 누구도 흉내 내지 않았다."

피카소는 다른 작품을 포함해 세상의 모든 사물을 모방했다. 하지만 단순히 눈에 보이는 대로 그리는 것이 아니라, 자신의 머릿속에 있는 것을 그렸다. 그가 위대한 이유다.

## 애플의 디자인을 낳은 '피카소 방식'

그렇다면 모방이란 무엇인가? 사전을 찾아보면 '모방模倣'이란 '다른 것을 본뜨거나 본받음'이다. 모방의 반대말은 '창조'라고 되어 있다. 흥미롭지 않은가? 모방의 반대개념이 창조인데, 예술가들은 모방을 통해 창조행위를 한다.

미술사에서는 창조가 모방에서 시작된다고 한다. 예술가에게 모방의 욕구는 창의력을 불러일으키는 근원적인 힘으로 작용된다. 최고의 모방 대상은 자연이다. 인류가 만들어낸 모든 예술작품은 자연을 모방한 결과물이라 해도 과언이 아니다.[9] 피카소가 들라크루아, 폴 세잔, 벨라스케스 등의 작품을 모방한 것처럼 말이다.

프랑스의 사실주의 화가 장 밥티스트 카미유 코로Jean Baptiste Camille Corot의 대표작 〈진주 장식을 한 여인〉은 레오나르도 다빈치의 〈모나리자〉와 같은 포즈를 취하고 있다. 코로는 다빈치의 위대한 걸작에 경의를 표하는 의미에서 그림을 그렸다고 밝혔다. 그런가 하면 신비로운 표정이나 시선 그리고 복장에서는 17세기 네덜란드 화가 요하네스 베르메르Johannes Vermeer의 대표작인 〈진주 귀고리를 한 소녀〉와 유사한 분위기를 느낄 수 있다. 이탈리아 식 옷차림인데도 마치 베르메르의 그림에 등장하는 소녀가 터키 식 터번을 쓰고 있는 것처럼 보인다. 한마디로 〈진주 장식을 한 여인〉은 오늘날 우리가 추구하는 '융합convergence'의 결정체다.

진주 장식을 한 여인, 장 밥티스트 카미유 코로, 19세기경,
캔버스에 유채, 70×55cm, 루브르 박물관

진주 귀고리를 한 소녀, 하네스 베르메르, 1665년,
캔버스에 유채, 44.5×39cm, 헤이그 마우리츠하이스 왕립미술관

자, 어떤가? 모방의 반대말이 창조라는 것은 적어도 현실의 예술 세계에서는 잘못된 개념이다. 창조는 모방에서 시작되며, 나아가 모방은 창조를 위한 선행변수다. 비즈니스에서도 마찬가지다. 단적으로 애플을 보라. 애플은 위대한 기업이다. 미적으로 아름답고 탁월한 디자인뿐 아니라 사용하기 쉬운 시스템을 개발해 전자제품의 대변혁을 몰고 왔다. 그들의 혁신은 지금도 진행 중이다.

오늘날 애플이 혁신의 대명사가 된 배경은 어디서 찾을 수 있을까? 애플이 아이폰, 아이패드, 애플워치 등에 특유의 세련된 디자인을 구현할 수 있었던 것은 피카소에 대한 꾸준한 모방을 통해서 가능했다.

〈뉴욕타임스〉는 2014년 8월 애플 직원들과의 인터뷰를 토대로 '애플 대학Apple University'으로 불리는 애플 연수원의 커리큘럼과 건물 구조, 운영방식 등을 소개했다.

인터뷰에 응한 애플 직원들은 연수원 수업의 핵심과정으로 애니메이션 제작사 픽사 출신인 랜디 넬슨 교수의 '애플 소통법'을 꼽았다. 다양한 직위의 구성원들이 동시에 수강하는 이 강좌는 애플에서 효과적으로 일하는 법을 소개하는 데 주안점을 둔다. 이 수업에서 넬슨 교수는 피카소의 1945년 작품인 〈황소 연작〉을 소개했다.

당시 넬슨 교수는 피카소가 황소를 1개월 동안 꾸준히 관찰하고 작업하여 10개 남짓의 단순한 선만으로 표현한 사례를 언급하며, 애플 제품의 뛰어난 디자인과 성공도 '피카소 방식'에서 비롯됐다고 강

황소 연작, 파블로 피카소, 1881~1973년, 석판 인쇄

소니의 구글TV 리모컨                         애플TV 리모컨

조했다. 넬슨 교수는 78개의 버튼이 달린 '구글TV' 리모컨과 단 3개의 버튼만 남긴 '애플TV' 리모컨을 비교한 뒤, "구글은 구성원들 개개인이 원하는 것을 모두 넣는 바람에 버튼이 78개나 됐지만, 애플은 반드시 필요한 것이 뭔지 치열하게 토론한 결과 버튼 3개면 충분하다는 결론에 이르렀다"고 설명했다고 한다. 오늘날 세계를 매료시킨 애플의 단순함이 피카소의 심플함을 모방한 결과물이라는 의미다.

애플의 창조적 근원이 스티브 잡스라면 스티브 잡스의 창조적 근원은 미술과 피카소다. 잡스가 매킨토시를 개발하면서 다양하고 독특한 폰트를 창조한 것은 잘 알려진 대로 리드대학교 재학 시절에 수강했던 캘리그래피 수업이 맹아가 되었다. 서체를 아름답게 표현하는 예술에 직접 뛰어든 것은 아니지만, 이때의 경험이 훗날의 창조에 영감을 주었던 것이다.

예술적 개입이 지닌 가치에 눈뜬 잡스는 이후 피카소의 〈아비뇽의 처녀들〉에 주목했다. 〈아비뇽의 처녀들〉은 스페인 사창가 여인들의 모습을 그린 것으로, 여러 요소의 조합에 의해 탄생된 작품이다. 이른바 '융합'과 '소통'이 직조된 창조적 조합능력의 결정체인 셈이다. 이 그림을 미술사적인 측면에서 보면 한마디로 '대상의 파괴'다. 눈에 보이는 대상을 분해해 수없이 많은 조각들로 나누고, 그 조각들을 하나의 화면에 재구성한다. 한편 정신적 측면에서 보면 이 작품은 정치, 수학, 과학, 기술 등을 전공한 지인들과 토론하고, 베르그송의 '시간의 지속'이라는 개념과 후설의 현상학 등에 영향 받아 제작되었다. 조형적 측면에서 보면 피카소의 친구이자 경쟁자인 마티스의 작품 〈삶의 기쁨〉의 영향이 크다. 새로움을 창조해야 한다는 부담은 피카소를 병적인 흥분 상태에 빠뜨렸는데, 그 결과 탄생한 것이 〈아비뇽의 처녀들〉이다.

스티브 잡스가 피카소로부터 모방한 것은 〈아비뇽의 처녀들〉 그 자체가 아니라, 이 작품을 낳게 한 창조적 조합능력이다. 하나의 시각에 매몰되지 않고 다양한 시점으로 세상과 소통하고 입체적 사고로 통합하려는 노력을 모방한 것이다. 전 세계 사람들이 스티브 잡스를 위대한 인물로 기억하는 이유는 외형뿐 아니라 내면적 정신세계까지 모방하여 이것을 자신만의 창조로 이끌었기 때문이다.

제임스 카메룬 감독의 영화 〈아바타〉는 개봉하자마자 전 세계가 주목하는 화제작이 되었다. 이상과 현실의 세계를 넘나드는 거대한 스토리도 대단했지만, '이모션 캡쳐emotion capture' 방식과 '가상 카메라'가 탄생시킨 전대미문의 혁신적 영상으로 3D 돌풍을 불러왔기 때문이다. 나 또한 〈아바타〉를 3번이나 볼 정도로 팬이 되었다.

이 놀라운 작품 역시 모방의 산물이다. 행성 판도라에 도착한 지구인과 토착민 사이의 갈등과 사랑을 그린 줄거리는 영화 〈늑대와 함께 춤을〉과 유사한 설정이다. 주인공이 자신의 아바타에 접속하는 모습은 영화 〈매트릭스〉를 떠올리게 한다. 미야자키 하야오의 애니메이션 〈천공의 섬 라퓨타〉나 〈미래 소년 코난〉의 흔적도 곳곳에 보인다. 그러나 누구 하나 〈아바타〉를 아류라고 비난하지 않는다. 오히려 3D 영화의 신기원을 열었다며 찬사를 보낸다. 모방을 통해 새로움을 창조해낸 것이다.[10]

모방은 모든 영역을 뛰어넘는다. 러시아의 국민 시인으로 추앙받는 푸시킨은 그리스 로마의 고전부터 셰익스피어, 바이런, 괴테, 실러 등 세계적 문호들의 작품을 탐독하고 영감을 얻었다. 그의 유명한 희곡 〈보리스 고두노프〉는 군주와 왕정을 소재로 한 셰익스피어의 작품을 참조한 것이다. 이처럼 그는 주제와 형식 면에서 다른 작품을 모방하며 출발했지만, 계속 변형하고 보완해서 자신의 것으로 재창조했다. 푸시킨의 천재성은 여기에서 나온다.

무無에서 유有를 창조하는 선행변수는 모방이다. 평범함을 벗고 비범해지고 싶다면 모방을 즐겨야 한다. 그 모방을 파괴하고 새로움을 더했을 때 창조가 완성된다. 스티브 잡스처럼 예술에서 빌려올 수도 있고, 예술가들처럼 자연을 모방할 수도 있다. 단, 경쟁사에서 빌려오는 것은 권하지 않는다. 너무 가까이 있는 것을 모방하면 참신하지도 않고 스스로 아류가 돼버린다. 애플과 삼성의 특허분쟁처럼 갈등으로 비화될 위험도 있다. 그러니 모방하라, 가급적 멀리에서.

# 전통을
## 파괴하다

    1907년 가을, 피카소가 세탁선[11]에 머물며 처음 구상한 이래로 수없이 공들이고 고심했던 작품이 2년여 만에 마침내 마침표를 찍었다. 작품을 완성하기 위해 100장이 넘는 소묘를 그리고, 데생만 31점을 했다. 크기도 지금까지 제작한 작품 중 가장 커서 $6m^2$가 넘었다. 명실상부한 대작을 완성하고, 피카소는 매우 흥분했다. 지금까지와는 전혀 다른 형태의 그림을 친구들이 어떻게 평가할지 불안과 설렘이 교차했다.

    피카소가 이 그림을 그리기 시작한 것은 이미 화가로서 상당한 명성을 얻은 25세 즈음이었다. 그 무렵 피카소는 기존 질서를 파괴하고 새로운 형식을 창조하는 데 몰두했다. 문학적 의미나 상징이 작품을 지배하던 피카소의 청색 시대, 장밋빛 시대와는 전혀 다른 작품세계를 보여주고자 했다. 새로운 세계를 향한 피카소의 모험은 마침내 〈아비뇽의 처녀들〉이라는 걸작을 탄생시켰다.

## 원근법을 파괴하다

드디어 작품을 지인들에게 공개한 날, 그러나 동료나 선후배들은 하나같이 이 낯선 작품에 혹평을 퍼부었다. 프랑스 화가 앙리 마티스와 조르주 브라크Georges Braque처럼 안목이 뛰어난 화가들도 마찬가지였다. 사창가 여인들의 나신裸身이 남성을 유혹하기는커녕 기괴하고 혐오감마저 주는 비상식적인 그림이었기 때문이다. 브라크는 이렇게 말했다.

"피카소, 너는 우리한테 갈기갈기 찢어진 캔버스 부스러기를 먹이고 싶은 건가? 아니면 입으로 불을 내뿜으라고 기름을 마시게 할 작정이야?"

미술비평가 펠릭스 페네옹Félix Fénéon은 "앞으로는 캐리커처에나 전념해보는 게 낫겠군"이라며 혀를 찼다.

마지막 기대를 걸었던 막스 자코브와 아폴리네르마저 아무 말 없이 입을 꾹 다물었다. 오직 독일인 화상 칸바일러Daniel-Henry Kanweiler 12만이 이 그림의 새로운 가치를 알아보았을 뿐이었다.

피카소는 좌절했다. 지인들의 반응이 이렇게 부정적일 거라고는 전혀 예상치 못했던 것이다. 이때의 충격으로 피카소는 거의 10년 동안 이 그림을 대중 앞에 전시하지 않았다.

피카소 주변의 예술가들은 틀에 박힌 전통적 가치를 부정하고 사회적 변화나 발전을 추구하는 진보적 성향이 강했다. 게다가 피카소가 하는 일이라면 언제든 박수칠 준비가 되어 있는 열렬한 피카소 찬미자들이었다. 그런 이들이 하나같이 비난을 퍼부은 이유는 무엇이었을까?

당시 서양의 전통회화를 단적으로 요약하면, 2차원 캔버스에 3차원 대상을 최대한 사실적으로 구현하려는 시도들이었다. 이를 위한 장치의 핵심이 원근법과 명암법이다. 그런데 〈아비뇽의 처녀들〉은 정반대였다. 2차원의 캔버스에 맞게 3차원 대상을 각각의 면으로 해체한 후 늘어놓은 것 같은 인상을 줬다. 이것이 당시 전통회화의 권위와 가치에 대한 정면도전으로 간주되었던 것이다. 사실 피카소의 의중 또한 다르지 않았는데, 악평 일색이었지만 미술사에 충격을 주겠다는 목적만큼은 제대로 달성한 셈이다.

〈아비뇽의 처녀들〉이 던진 충격파를 구체적으로 살펴보자. 이 작품이 발표된 1907년 이전까지 입체주의라는 용어는 화단에 통용되지 않았다. 그것은 이듬해인 1908년 미술평론가 루이 보셀이 조르주 브라크의 그림을 묘사할 때 처음 사용한 용어로, 그려진 대상이 자연스럽지 못하고 마치 입방체처럼 보인다고 조롱한 데서 유래했다.

〈아비뇽의 처녀들〉을 두고 혹자는 입체주의의 효시라 평하기도 하고 혹자는 포스트인상주의 작품으로 보기도 하지만, 미술사에 입체주의라는 사조가 등장하게 된 신호탄인 것만은 분명하다. 새로운 화풍, 즉 입체주의를 피카소가 창조한 것이다.

〈아비뇽의 처녀들〉은 르네상스 미술의 기초인 원근감과 명암법의 전통을 완전히 파괴한 최초의 그림이다. 피카소는 아프리카 원시부족의 미술에 관심을 두었던 앙리 마티스, 사물을 원통형이나 구형으로 보았던 폴 세잔, 원근법이나 명암법을 무시한 야수파 등의 영향을 골고루 받아 이 작품을 완성했다. 아울러 기법 면에서도 장식과 기교에 치중하던 당시 화풍을 철저히 배제하고 군더더기 없는 단순하고 강한 필법, 필요한 부분만을 강조하는 과감한 선 처리를 보여주었다. 당시 어느 화가의 작품에서도 볼 수 없었던 시도였다.

초기 비평가들의 평가는 혹독했으나, 뒤늦게 작품을 접한 대중의 반응은 폭발적이었다. 강렬한 호소력이 느껴진다는 찬사가 이어지자 딴죽을 거는 비평가들도 서서히 꼬리를 감추었다.

〈아비뇽의 처녀들〉에 대한 세간의 관심은 시간이 지나도 식지 않았다. 그만큼 당시 미술계에 시사하는 바가 컸다는 뜻이다. 한때의 거짓 명성은 시간이 흐르면 거품이 꺼진다. 하지만 더러 시간의 무게를 이겨내는 것들이 있다. 오히려 시간이 지날수록 가치와 효용이 더해지는 경우도 있다. 이 작품이 바로 그러했다.

피카소는 3차원의 세계 즉 입체적인 관점에서 사물을 표현했고,

이로써 회화의 새로운 가능성을 열었다. 회화에서 사물의 객관성을 끌어내리려는 피카소의 노력은 현대 추상미술의 싹을 틔웠고, 20세기 건축 및 디자인에까지 영향을 미쳤다.

피카소의 위대함은 입체주의를 탄생시킨 데에서 멈추지 않는다. 그는 형태와 재료에도 끊임없이 새로움을 추구했고, 예술가는 으레 특정 유파나 사조에 속한다는 통념을 뒤엎었다. 잘 알려졌다시피 그는 청색 시대(1901~02년), 청색~장미색 이행기(1904년), 장밋빛 시대(1905~06년), 입체주의(1908~14년), 앵그르풍 시대(1915년 이후), 초현실주의(1925~39년), 앙티브 시대(1946~48년), 말년(1945~73년) 등을 거치며 부단히 자신의 화풍을 변모시켰다.[13] 그리고 그 힘으로 세상을 변화시켜 갔다. 그런 만큼 피카소가 어떤 스타일의 그림을 그렸는지 콕 짚어서 말하기는 불가능하다. 피카소의 이러한 행보는 무엇보다 어느 한 가지 기치에 국한되지 않으려는 의지의 표현이었다. 피카소는 "그림은 만드는 것이 아니라 연구하는 것이고, 접근방식에는 끝이 없다"라고 술회했다.

이러한 피카소의 접근방식은 전 세계를 지배하게 된다. 미국은 2차 대전 승전국으로 세계의 중심에 섰지만 당대 예술계에선 여전히 변방이었다. 전후 뉴욕에서는 피카소가 대세였다. 그의 작품이 융단폭격처럼 쏟아지는 바람에 미국 추상표현주의 미술의 선구자인 잭슨 폴록Jackson Pollock도 치명상을 입었다. 잭슨 폴록은 이렇게 절규했다. "제기랄, 피카소! 그놈이 다 해먹었어! 손을 안 댄 곳이 없어!" 피카소가 평면회화부터 빛의 예술까지 모든 장르를 섭렵한 터라, 폴록에게 새로운 시도가 불가능해 보였다. 도저히 피카소를 넘어설 수 없으리라는 절망에 빠져 독한 담배와 술에 절어 지내기도 했다.

만일 피카소가 이 사실을 알았다면 이렇게 말하지 않았을까? "폴록! 미술이란 모든 파괴의 총화네. 모든 창조행위는 우선 파괴행위지. 무엇인가가 계속 누적된 그림도 있겠지만, 내 그림은 아니야. 그러니 당신도 심오한 파괴를 해보지 않겠나? 나를 저주할 시간에…."


## 존속과 파괴, 혁신에는 두 가지 모두 필요하다

1987년 빌 게이츠 앞에 선택의 순간이 다가왔다. 윈도우즈Windows와 OS/2 가운데 하나를 선택해 승부수를 던져야 했다. 당시의 상황은 이랬다. 1981년 IBM은 PC를 개발하면서 마이크로소프트의 컴퓨터 운영체제인 MS-DOS를 채택했다. 이후 PC가 대중화되면서 MS-DOS도 자연스레 운영체제의 표준처럼 인식되었고, 마이크로소프트는 단기간에 메이저 업체가 되었다. 한편 이와 별개로 마이크로소프트는 1985년에 그래픽 운영체제인 윈도우즈를 개발해 출시했다.

그러던 중, IBM은 차세대 운영체제인 OS/2의 개발을 마이크로소프트에 맡긴다. 빌 게이츠는 운명적 선택을 해야 했다. 당시 IBM은 기술적 우위를 가진 OS/2로 운영되는 컴퓨터 신제품들을 내놓아 업계에 새로운 바람을 일으켰고, 빌 게이츠 역시 2년 안에 OS/2가 시장을 지배할 것이라고 예측했다.[14] 따라서 그들과의 협력관계를 유지하는 것은 회사의 안정적 운영을 위해서도 반드시 필요했다. 그러나 이제 막 첫 삽을 뜬 윈도우즈는 어찌할 것인가?

이러한 상황에서는 무엇보다도 선택과 집중이 중요하다. 자원에는 한계가 있기 때문이다. 결국 빌 게이츠는 OS/2 개발에 뛰어들었다. 하지만 그는 소리 소문 없이 MS-DOS 기반의 윈도우즈 개발도 병행했다. 'OS/2가 실패하면 어떡하지? 소프트웨어 회사들이 OS/2에서 운용 가능하도록 자신들의 프로그램을 변환하지 않는다면 어떡하지? 그래서 새로운 컴퓨터가 소프트웨어 옵션을 광범위하게 갖추지 못한다면 어떻게 하지? 어떡하지? 어떡하지?' 빌 게이츠는 내부의 강력한 반대에도 불구하고 만약의 경우를 대비해 OS/2에 집중하면서 약간의 인력을 윈도우즈 개발에 남겨두었다. 불확실한 미래의 상황을 정확하게 예측할 수 없었던 것이다.

1988년 말, OS/2의 시장점유율은 11%에 그쳤다. 1989년 OS/2의 3년간 누적 판매량은 30만 카피였다. 그에 비해 윈도우즈는 시장을 강타해 출시 4개월 만에 100만 카피가 판매되는 성과를 거두었다. 상황이 이렇게 되자 빌 게이츠는 승부수를 던졌다. 명확해지는 판세에 맞춰 윈도우즈95에 모든 인력과 자원을 집중했다. 윈도우즈95는 출시 4일 만에 100만 카피가 팔려나가는 기록을 세웠다.

오늘날 마이크로소프트가 세계 최대의 소프트웨어 기업으로 성장

할 수 있었던 원동력은 기존의 비즈니스 규칙을 깨고 새로운 환경에
대비한 '파괴적 혁신'을 추구했기 때문이다.

파괴적 혁신이란 무엇일까? "아무리 튼튼한 나무라도 하늘을 향해
계속 자랄 수는 없다." 세계 최고의 글로벌 리더들이 이구동성으로
외치는 말이다. 지금은 핵심사업이 건실하지만 미래를 위해서는 새
로운 성장기반을 마련해야 한다는 의미다. 과거 얼음 생산업체들은
더 나은 냉매제 개발에만 열을 올렸다. 그러던 와중 냉장고가 출시되
었지만, 그들은 시끄럽고 불필요한 기계를 누가 사겠느냐며 비웃었
다. 그러나 냉장고는 가정의 필수품이 된 반면, 얼음 생산업체는 대
부분 문을 닫았다. 존속적 혁신에만 집착하다가 파괴적 혁신에 밀려
난 단적인 예다.
이처럼 혁신은 크게 존속적 혁신sustaining innovation과 파괴적 혁신
disruptive innovation으로 나뉜다. 존속적 혁신이란 기존에 발표된 제품의
성능을 지속적으로 개선해나가는 것으로서, 동일 선상의 카테고리
에서 계속 업그레이드가 이뤄지는 것을 의미한다. 현대자동차가 쏘
나타, 쏘나타II, EF쏘나타, NF쏘나타, YF쏘나타의 라인으로 디자인과
기술의 성능 수준을 조금씩 향상시켜 나가는 것이 좋은 예다. 즉 과
거의 핵심사업이 계속 이어지는 것이다.
반면 파괴적 혁신은 현재의 시장 기대치에 미치지 못하는 단순하
고 저렴한 제품으로 기존 시장을 파괴하고 새로운 시장을 형성하는

로우엔드 전략이다. 예를 들어 미개척 시장에서 신시장을 창출하는 구글의 무인자동차, 300만 원짜리 초저가 차량을 출시한 인도의 타타모터스 등 완전히 새로운 시장을 형성하는 전략을 말한다.

앞서 언급한 '지금은 핵심사업이 건실하지만 미래를 위해서는 새로운 성장기반을 마련해야 한다'는 말의 의미가 이해되었는가? 핵심사업은 존속적 혁신을, 미래를 위한 새로운 성장기반은 파괴적 혁신을 의미한다. 기업이 안정적으로, 동시에 지속적으로 성장을 이어가기 위해서는 존속적 혁신이나 파괴적 혁신 어느 한쪽만을 추구해서는 안 된다. 두 가지 혁신을 동시에 추진해야 한다.

미국의 다국적 기업 P&G는 존속적 혁신과 파괴적 혁신을 동시에 추진하는 대표적인 기업이다. P&G는 1837년 설립되어 올웨이즈, 질레트, 아이보리, 팸퍼스, 스위퍼, 타이드, 크레스트 등 개별 카테고리별로 세계 최대 브랜드를 가지고 있다. 이들은 전 세계 20억 소비자와 접촉하며 매일 2억 달러(약 2200억 원) 상당의 상품을 판다. P&G는 존속적 혁신에 안주하지 않고 파괴적 혁신을 적극적으로 추진함으로써 지속적인 성장을 이끌 수 있었다. 1950년 개발한 크레스트 불소치약은 치아관리의 개념을 '치료'에서 '예방'으로 바꿔놓았고, 1960년대에 팸퍼스는 일회용 기저귀를 선보여 육아용품 시장에 일대 혁명을 일으켰다. 최근 개발한 일회용 걸레인 스위퍼는 쉽고 빠르게 청소를 끝낼 수 있게 도와주어 1조 1000억 원 가까운 매출을 올리고 있다.

## 양손잡이 조직이 되어야 한다

지속적인 업그레이드를 통한 존속적 혁신은 많은 기업에서 일상적으로 이루어지고 있다. 그렇다면 파괴적 혁신은 어떻게 가능할까?

흔히 R&D에 많은 비용을 투자하면 파괴적 혁신을 이룰 가능성이 더 높다고 생각한다. 애플과 노키아 중 혁신을 위해 더 많이 노력한 기업은 어느 쪽일까? 당연히 아이폰으로 노키아를 무너뜨린 애플이라고 생각할 것이다. 그러나 혁신에 투입한 비용만 따진다면 노키아가 애플보다 3~4배나 더 노력했다. 노키아는 2009년 애플에 비해 6.4배나 더 많은 돈을 R&D에 투자했다. 2010년에는 4.4배, 2011년에는 3배나 더 썼다. 노키아의 구성원들도 밤낮 없이 혁신에 골몰했음은 물론이다. 성실한 태도로 꾸준히 제품과 서비스를 바꿔 나갔다. 하지만 결국 노키아는 몰락했고 마이크로소프트에 휴대폰 사업부문을 매각했다.

왜 노키아는 애플보다 더 많은 비용을 들이고도 혁신에 실패했을까? 그 이유는 노키아가 '존속적 혁신'만 추구했기 때문이다. 그들은 자사 제품을 꾸준히 업그레이드해 시장에 내놓았을 뿐이었다. 2000년에 이미 아이폰과 유사한 혁신적 제품을 개발했지만, 출시는 하지 않았다. 스마트폰 시장의 강자였던 블랙베리도 비슷한 행보를 보였다. 기존 제품을 업그레이드하는 존속적 혁신에 매달렸다. 그러나 애플은 달랐다. 기존 휴대폰과 전혀 다른 아이폰을 내놓았다. 인터넷 커뮤니케이션에 기반을 둔 새로운 스마트폰이었다. 애플은 매출액 대비 3% 정도를 R&D에 투자했지만, 내놓은 제품은 노키아보다 훨씬 혁신적이었다. 노키아 식의 존속적 혁신이 아니라 기존 시장을 전복하는 '파괴적 혁신'을 추구했기 때문이다. 아이폰은 기존 휴대폰 시장을 완전히 파괴했다. 이것이 '파괴적 혁신'의 힘이다.

만약 노키아가 빌 게이츠가 그랬던 것처럼 존속적 혁신과 파괴적 혁신을 동시에 추진했다면 어땠을까? 수많은 유통업체들이 고전할 때 아마존은 시장의 지배자로 우뚝 섰고, 커피 산업이 포화 상태에 아우성칠 때 네스프레소는 강자로 떠올랐다. 이들은 모두 파괴적 혁신과 존속적 혁신을 동시에 추구한 기업이며, 이런 기업만이 시장의 승자가 된다. 반면 노키아는 지나치게 존속적 혁신에만 집착했다. 전화와 문자메시지로 대표되는 기존의 휴대폰 개념에서 벗어나지 못했다.

그렇다고 존속적 혁신이 필요 없다는 뜻은 아니다. 한두 해 반짝 사업을 하고 말 것이 아니라 지속적으로 수십 년간 조직을 유지하고 혁신역량을 비축하기 위해서는 존속적 혁신도 분명히 필요하다. 시장을 지배하기 위해서는 파괴적 혁신이 반드시 필요하다는 것이지, 존속적 혁신이 아예 필요 없다는 의미는 아니다.

어떤 기업이 파괴적 혁신의 기회를 만들었다 해도, 이를 의미 있는 방식으로 시장에 적용해 확장해가지 못한다면 아무런 소용이 없다. 파괴적 혁신을 단행한 후에는 이를 적용한 제품과 서비스를 개선해

나가고, 효율성을 극대화하고, 비용을 절감하는 노력이 뒤따라야 한다. 즉 파괴적 혁신으로 돌파구를 만든 후 이를 구체화하는 실행모드로 진입하면 이때부터는 존속적 혁신도 병행해야 한다. 따라서 혁신의 지속적 완성은 존속적 혁신과 파괴적 혁신을 동시에 추진하는 양손잡이 조직이 되었을 때 가능하다.

기술경영의 창시자인 윌리엄 밀러 스탠퍼드 대학교 명예교수는 "기업이 성공의 역설에 빠지지 않으려면 양손잡이 조직이 되어야 한다. 양손잡이 조직의 90% 이상이 혁신적인 신제품 개발에 성공했다. 아직도 양손잡이 조직은 건재하다"라며 양손잡이 조직의 도입을 강조했다.

양손잡이 조직이 되려면 아래에서 위로 아이디어가 솟아나게 해야 한다. 즉 상향식 조직이 되어야 한다는 의미다. 스티브 잡스 주도로 하향식 혁신을 일궈낸 애플도 최근에는 상향식 혁신 모드로 전환하고 있다. 하향식 혁신은 조직 내 혼란과 갈등을 일으킬 위험이 있다. 카리스마 넘치는 잡스조차 하향식 혁신을 계속하자 구성원들의 불만을 샀고, 구성원 각자의 역할과 권한에 대한 혼란 때문에 우왕좌왕하는 혼선을 낳았다고 하지 않는가.

미국 라이스 대 경영대학원의 마크 엡스타인 교수는 "상향식 혁신이 실패 확률이 낮고, 조직의 결속력과 만족도 측면에서도 훨씬 바람직하다"고 강조했다. 그는 상향식으로 파괴적 혁신을 시도한 대표적 기업으로 구글을 꼽았다. 구글의 파괴적 혁신 사례인 '검색엔진'은 두 창업자의 머릿속에서 나왔지만, 지메일과 구글드라이브, 구글플러스 등 이후 쏟아져 나온 수많은 혁신들은 일반 구성원들의 아이디어가 모여서 탄생했다는 것이다.[15]

위대한 예술가와 위대한 기업의 공통점 중 하나는 파괴적 혁신을 즐긴다는 것이다. 비록 고통은 따르지만, 생존과 성장을 위해 없어서는 안 될 필수 역량이다. 프랑스 전위 화가 이브 클라인Yves Klein은 붓 없이 그림을 그린 것으로 유명하다. 그는 벌거벗은 여성의 온몸에 페인트를 칠한 후 바닥에 놓인 캔버스 위로 질질 끌고 다니는 엽기적인 방법으로 작품을 만들어 세상을 놀라게 했다. 그뿐 아니라 촛불의 그을음을 이용해 캔버스에 추상화를 그리거나, 물감을 듬뿍 머금은 스펀지를 캔버스에 붙이는 방법 또는 캔버스 자체를 물감을 풀어놓은 풀에 덤벙 집어넣었다가 꺼내는 등 기발한 발상으로 작품을 완성했다. 그는 1962년 심장발작으로 34년의 짧은 생을 마감했다. 작품 활동 기간은 불과 8년 남짓이었지만, 그의 작품세계는 요셉 보이스Joseph Beuys를 비롯한 오늘날의 행위예술과 팝아트, 미니멀리즘 등에 지대한 영향을 끼쳤다. 창조자가 떠난 후에도 세상에 영향을 미치는, 파괴적 혁신의 '파괴적 영향력'이라 할 것이다.

# 몸으로 느끼고,
# 몸으로 영감을 얻는다

　　　　　　　　　　　나는 피카소를 주제로 미술과 경영을 접목하는 강의를 종종 한다. 강의를 시작할 때 나는 참석자들에게 이렇게 묻는다. "피카소 하면 가장 먼저 뭐가 생각나세요?" 이 질문에 빠지지 않는 답변이 있다. "피카소는 카사노바다."

　그렇다. 피카소는 호색가였다. 그가 사랑한 연인들을 우리는 그의 작품에서 확인할 수 있다. 그렇다고 피카소가 아무 여인이나 무작위로 모델로 끌어들여 작품 활동을 한 것은 아니다. 그리고 피카소를 사로잡은 여인들은 그의 정신세계는 물론 작품세계에도 영향을 미치곤 했다.

## 그는 왜 그토록 많은 여인을 원했던 걸까

피카소에게는 공식적(?)으로 7명의 연인이 있었다. 첫 번째 연인은 페르낭드 올리비에다. 1904년 8월 4일 번개를 동반한 소나기가 내리는 오후, 자신의 새끼고양이를 찾던 중 비를 흠뻑 맞은 채 세탁선 복도로 뛰어든 아름다운 여인을 보게 되었다. 피카소는 그녀의 앞을 막고 새끼고양이를 그녀의 품에 안겨주었다. 일종의 자기소개를 위한 선물이었던 셈. 그때의 만남을 페르낭드는 일기에서 이렇게 회상했다.

"피카소는 첫눈에 반할 만큼 매력적인 데는 없었지만 그의 이상스럽도록 고집스런 표정에 눈길이 갔다. 사회적으로 그를 평가한다는 것은 거의 불가능하지만 그에게서 발산된 내적 열기와 눈의 광채는 내가 도저히 저항할 수 없는 일종의 마그네티즘이었다."16

가히 대단한 협상력이 아닐 수 없다. 서로에게 한눈에 반한 피카소와 페르낭드는 곧 동거를 시작한다. 페르낭드와의 만남은 과거 고독한 청색의 시기에 시달렸던 초조함과 불안함을 벗어나는 계기가 되었다. 그뿐 아니라 그녀 덕분에 인간적 성숙과 자신의 미술세계에 대한 장밋빛 자신감을 얻게 되었다. 페르낭드와 함께한 1904~06년의 기간을 피카소의 '장밋빛 시대rose period'라고 한다.

1906년 작 〈머리를 땋고 있는 페르낭드〉는 풍만하고 육감적인 누드 초상화다. 지적이기보다는 젊은 육체가 발산하는 풍만함과 성적

머리를 땋고 있는 페르낭드, 파블로 피카소, 1906년,
캔버스에 유채, 126×90.8cm, 개인소장

매력을 강조했고, 특히 아랫배와 하체의 볼륨을 노출시켰다. 전반적인 색채는 젊은 살결이 뿜어내는 생동감이 흐른다. 그에 반해 얼굴 표정에는 생기가 없고 마치 조각상처럼 단순하고 밋밋하다. 당시 아프리카 조각의 영향을 받기 시작했던 피카소는 아프리카, 이베리아 조각처럼 원초주의적 표현을 가미했다.

그 후 1911년, 피카소는 레오나르도 다빈치의 〈모나리자〉 도난 사건의 절도범으로 의심받게 된다. 이 일로 피카소는 신경과민과 불안이 겹쳐 불행한 시간을 보냈다. 그 와중에 페르낭드의 친구인 에바 구엘을 만나게 된다. 에바는 피카소의 동료 화가인 루이 마르쿠스의 애인이기도 했다. 그러나 피카소는 에바에게 열렬히 구애해 결국 사랑을 얻는 데 성공한다.

에바를 그린 작품은 한눈에 보기에도 페르낭드와는 전혀 다르다. 에바를 사랑하고 있을 이때는 피카소가 입체주의로 세계 화단의 시선을 끌던 시기였다. 〈나는 에바를 사랑해〉는 수많은 삼각형과 여러 개의 겹친 사각형들 그리고 반원들과 대각선과 직선의 평면구도 속에 앉아서 타악기 치터를 치고 있는 에바의 누드 형상을 그린 것이다. 이 시기 피카소는 입체주의 작품에 순수한 빨강, 노랑, 초록, 파랑색 등 한정된 원색들을 도입함으로써 단조로우면서도 화면에 생동감을 주었다.

피카소는 이 작품 외에도 〈나의 고운 님〉, 〈안락의자의 누드〉 등을

나는 에바를 사랑해, 파블로 피카소, 1912년,
캔버스에 유채, 모래, 목탄, 75.6×66cm, 콜럼버스 미술관

안락의자의 올가의 초상, 파블로 피카소, 1917년,
캔버스에 유채, 130×88cm, 피카소 미술관

통해 애인 에바에 대한 애정을 거침없이 표현했다. 하지만 에바는 1916년 결핵으로 피카소 곁을 떠나고 만다.

에바가 죽고 몇 달 후, 피카소는 러시아 발레단원인 올가를 만나게 된다. 올가는 피카소의 정식 부인이 되고, 1921년 피카소에게 첫 아들을 낳아주었다. 이때에도 화풍의 변화가 있었다. 피카소가 그린 〈안락의자의 올가의 초상〉은 기존의 입체주의와 전혀 다른 신고전주의 형태를 보인다. 실물과 같은 모습으로 그녀의 매력과 화장기 있는 얼굴이 잘 표현돼 생동감을 준다.

피카소는 왜 갑자기 입체주의와 전혀 다른 형태의 그림을 그렸을까? 아마도 올가는 피카소의 정식 부인이 되었고, 이전 애인들과 차별화되기를 원했을 것이다. 그래서인지 올가의 그림은 신고주의와 사실주의 형태가 대부분이다.

그러나 법적으로 부부의 연을 맺었어도 피카소의 사랑을 막을 수는 없었다. 1927년 피카소는 파리의 지하철 출구에서 젊고 아름다운 금발 여인을 발견한다. 그녀의 이름은 마리 테레즈. 푸른 눈, 날선 콧날을 가진, 비너스 조각상에서나 만날 수 있는 이상적인 미소녀였다. 당시 그녀의 나이는 17세였다.

이처럼 어린 여성과 사귀게 되면 세상에 부도덕한 사람으로 비난받을 게 빤했다. 그러나 피카소에게 세간의 이목은 중요하지 않았다. 피카소는 그녀에게 6개월간 청혼했으나 거절당했고, 그녀의 어머니도 한사코 반대했다. 피카소는 어머니의 허락 없이는 그녀와 사귈 수 없다는 사실을 인지하고 초상화를 그려주면서까지 노력해서 기어코 성공하고야 말았다.

당시를 마리 테레즈는 이렇게 회상한다. "저는 여섯 달 동안이나 저항했어요. 하지만 피카소를 어떻게 거절하나요? 여자로서 피카소를 거절하는 것은 불가능해요."[17]

다음의 작품 〈꿈〉은 피카소를 대표하는 초현실주의적 초상화다. 피카소는 마리 테레즈를 성적 매력이 있는 환상적인 모델로 묘사했다.

이국적인 벽지 무늬와 온통 원색으로 채워진 여인의 인체는 프랑스 야수주의 회화를 연상하게 한다. 그렇지만 이 그림은 여인의 얼굴, 팔, 가슴을 평면으로 분할하고 재구성하여 입체주의의 건재를 과시하고 있다. 그림 전체에 사랑과 평온함, 그리고 숨길 수 없는 성적 욕망이 감돌고 있다. 그녀를 향한 피카소의 욕망을 짐작할 수 있는 대목이다.

그림이 완성되고 2년이 지난 1935년 테레즈는 피카소의 딸 마야를 낳았다. 그러나 딸을 낳은 바로 다음 해, 피카소는 마리 테레즈를 무정하게 버리고 도라 마르와 동거를 시작했다.

도라 마르는 1907년 프랑스인 어머니와 유고슬라비아인 아버지의 딸로 태어났다. 그녀는 검은 머리에 까만 눈동자를 가진 동양적이고 지적인 여자였다. 게다가 남성편력이 심했다. 물론 피카소는 이 점을 달가워하지 않았다. 그런데도 그녀는 어떻게 피카소의 마음을 사로

꿈, 파블로 피카소, 1923년, 캔버스에 유채, 130×97cm, 샐리 간즈 소장

앉아 있는 도라 마르, 파블로 피카소, 1937년, 92×65cm, 캔버스에 유채, 피카소 미술관

잡았을까? 〈앉아 있는 도라 마르〉를 보면 도라의 특성을 이해할 수 있다.

피카소는 순진한 여자가 아닌 정열적인 여인상을 도라에게서 발견한다. 이 그림은 마리 테레즈의 그림과는 느낌이 전혀 다르다. 눈은 붉게 충혈돼 있고 손가락은 독수리 부리같이 사납고 날카롭다. 노란색 얼굴은 창백하고, 입고 있는 옷은 유행과는 거리가 먼 검정색으로 긴장과 흥분을 고조시킨다.

피카소는 왜 이런 형태의 그림을 그렸을까? 실제로 도라는 두통과 우울증이 심해 정신질환까지 앓았다고 한다. 한 여자에 만족하지 못하는 피카소의 성향을 온전히 받아줄 여자가 누가 있겠는가? 옛 애인 테레즈와도 관계를 정리하지 않았고, 법적 부인인 올가와도 이혼하지 않은 상태였으니, 도라의 정신질환은 피카소 때문에 더욱 심해졌을 것이다.

자고로 인간이란 하지 말라고 하면 더 하고 싶고, 하라고 하면 하기 싫어하는 것이 본능이다. 결국 피카소는 매일 울고 히스테리를 부리는 도라의 곁을 떠났고, 자기보다 40세나 어린 프랑수와즈 질로를 사귄다. 이쯤 되면 피카소의 도덕성을 의심하지 않을 수 없을 지경이다. 어쨌든 천재화가의 파행은 거칠 것이 없어서, 1945년 음식점에서 우연히 만난 그녀를 전시회에 초대하며 자연스럽게 사랑이 시작되었다. 당시 피카소는 〈바쿠스의 축제〉, 〈시체 안치소〉 등 활발한 작품활동으로 전 세계의 관심을 끌고 있었다. 당연히 프랑수와즈는 피카소의 열렬한 팬이 될 수밖에 없었다.

피카소 또한 새로운 연인을 열렬히 사랑했다. 오른쪽 그림을 보면 피카소의 감정을 역력히 엿볼 수 있다.

피카소는 그림에서 그녀를 식물로 그려놓았다. 머리는 녹색 잎사귀를, 가슴과 몸은 긴 램프 스탠드에 매단 두 개의 조명등 같다. 얼굴과 눈은 해바라기같이 그렸으며 뭔가를 간절히 그리워하는 듯하다. 피카소는 그녀를 자라는 나무 같으며 수동적이지 않은 이미지로 묘사했다. 왜 안 그렇겠는가? 한창 젊음이 만개한 20대 여성이었으니….

하지만 그들의 사랑에 그림자가 드리워진다. 피카소의 연애편력을 알게 된 그녀가 떠난 것이다. 과거 애인들이 추방당하고 버려졌듯 프랑수와즈도 그렇게 될까 봐 두려웠던 것이다. 모든 여자들이 태양같이 피카소를 숭배했지만 프랑수와즈는 달랐다.

영원한 사랑이라는 것이 있을까? 피카소는 마지막 일곱 번째 연인 자클린 로크와 재혼한다. 자클린은 도자기 공장의 세일즈우먼이었다. 자클린은 자신이 피카소에게 반드시 필요한 사람이라 여기고 필사적으로 피카소를 유혹해 그의 여자가 되었다. 이후 피카소는 자클린과 20년을 함께 살았다.

피카소는 자클린과의 삶이 어땠을까? 다음의 그림은 자클린을 모델로 한 〈목걸이를 한 누드〉다. 화려한 의상은 찾아볼 수 없고 전체적

여자-꽃, 파블로 피카소, 1947년, 캔버스에 유채, 146×89cm, 개인소장

인 표정과 색깔이 획일적이다. 대부분은 마치 청색 시대가 돌아온 듯 푸른색으로 칠해져 있다. 기쁨보다는 우울한 시선이 느껴지고 눈길마저 깊고 푸른 바다 속으로 이끄는 듯하다. 몸에 단 하나 걸려 있는 목걸이는 부에 대한 욕망을 드러내고, 그녀의 각지고 불균형적인 몸매는 마리 테레즈에게 나타나는 성적 매력과 비교된다. 말년에 자클린에게서 사랑을 느끼지 못했음을 읽을 수 있다.

1973년 피카소는 세상을 떠났다. 피카소의 네 번째 연인이었던 마리 테레즈는 피카소의 95세 생일 5일 전, 그녀가 피카소를 만난 지 50년이 되는 날 차고에서 목을 매 자살했다. 올가에게서 낳은 아들 파울로는 아버지 장례식에 참석하지 못하게 되자 장례식날 독약을 마시고 3개월 후에 죽었다. 피카소의 손자 파블리토 역시 알코올과 약물로 인한 간질환으로 1975년 죽었다. 마지막 연인인 자클린은 피카소의 망령을 잊지 못해 이상한 의식을 행하다가 권총을 쏴 자살했다. 태양이 지니 달이 저무는 비극의 연속이었다.

피카소는 모든 연인들을 사랑했다. 연인들도 피카소를 사랑했다. 하지만 고통도 주고받았다. 피카소는 왜 많은 연인들을 배신하듯 사랑해야 했을까? 피카소는 언젠가 "여신 같은 존재이건, 신발 털개 같은 존재이건" 여자는 그의 인생에서 언제나 중요하다고 도발적으로 고백했다. 아울러 그는 말했다. "나는 여자를 찾지 않는다. 오직 발견할 뿐이다." 새로움을 갈망하는 자신의 욕구 때문에 피카소 또한 괴

목걸이를 한 누드, 파블로 피카소, 1968년,
캔버스에 유채, 113.5×161.7cm, 런던 테이트모던 갤러리

로웠을지 모른다.

## 머리가 아니라 몸에 폭풍을 일으켜라

피카소는 분명 도덕성에 문제가 있다. 나도 동감한다. 그런데 이 문제는 잠시 미뤄두고, 여기에서는 피카소가 왜 도발적 사랑을 했는지에 초점을 맞추고자 한다.

미술전공 학생들을 두 그룹으로 나누어 사과를 보여주며 정물화를 그리게 했다. A그룹은 물체를 간단히 보고 바로 정물화를 그리기 시작했다. 그리고 A그룹은 이렇게 생각했다. "어떻게 하면 그림을 잘 그릴까?" 반면 B그룹은 사과를 이리저리 만져보고 살펴보고 다르게 배치하며 시간을 할애했다. 그리고 B그룹은 이렇게 생각했다. "어떤 그림을 그리면 좋을까?"

이들 중 어느 그룹이 더 뛰어난 결과물을 냈을까? 미술전문가들은 B그룹 학생들의 그림을 더 창의적이라고 평가했다. 실제로 10년 후 이들은 미술 분야에서 두각을 나타내며 급성장했다.

피카소는 전형적인 B그룹이었다. 도발적 사랑을 했고, 한 점 부끄럼이나 편견 없이 자신의 욕망을 이미지로 나타냈다. 자신의 욕망을 마음으로만 느낀 것이 아니라 철저히 몸으로 체험하며 자신의 남성성을, 쾌락이 아닌 지배의 에로티시즘 속에 들어 있는 자신의 폭력성을 시각적으로 표현했다. 여성을 유혹의 수단으로 사용하기도 했지만 연인들의 육체를 성적으로 지각하며 자신의 자유와 거침없는 욕망을 적나라하게 드러냈다.

2006년에 개봉한 영화 〈미녀는 괴로워〉를 기억하는가? 배우 김아중이 날씬한 미녀와 뚱뚱한 여성을 동시에 보여주며 1인 2역을 한 영화다. 인형 같은 몸매를 가진 김아중이 뚱뚱한 여성의 마음을 이해할 수 있을까? 영화 촬영을 시작할 무렵 김아중은 사람들이 자신을 알아볼 수 있는지 궁금해서 뚱뚱하게 분장하고 신사동 거리에 나갔다고 한다. 뚱뚱한 자신을 본 남자들은 수근대며 쳐다보고, 급기야 어떤 남자가 "토할 것 같다"고 말하는 것을 듣고 충격을 받았다고 했다. 빵집이나 커피전문점에 들어가도 평소에는 매우 친절하던 점원들이 지극히 딱딱하고 사무적으로 대하며, "저 몸매에 뭘 또 먹겠다는 거야"라고 수근대는 것이 아닌가. 김아중은 그때 느꼈던 충격을 고스란히 안고 뚱보 역할을 했다고 한다.

이러한 김아중의 행동을 '바디스토밍bodystorming'이라 한다. 브레인스토밍은 들어봤을 것이다. 말 그대로 머리에 폭풍을 일으켜 다양한 아이디어를 도출하는 것이다. 바디스토밍은 머리가 아닌 몸에 폭풍을 일으켜 문제를 파악하고 아이디어를 얻어내는 방법을 말한다. 피카소가 여러 연인들과 도발적 사랑을 한 행위도 일종의 바디스토밍과 같은 맥락이다. 피카소의 연인들은 그에게 영감을 주고, 창작과정을 함께하는 존재였다.[18]

우리 인간은 믿는 것을 볼까, 아니면 보이는 것을 믿을까? '백문이 불여일견百聞不如一見'이라는 속담이 있듯 사람들은 보이는 것을 믿는 경향이 강하다. 이러한 인간의 특성을 십분 활용하는 기업이 세계적인 디자인 회사 IDEO다.

어느 날 미국의 종합병원인 카이저가 IDEO에 컨설팅을 의뢰했다. 일반적인 컨설팅 회사들은 의뢰한 고객이나 이해관계자의 설문조사나 인터뷰를 통해 문제를 해석한다. 그런데 IDEO 컨설턴트는 먼저 병원에 가서 환자가 되었다. 환자들이 몇 분이나 기다리는지, 진료시간 중에 무엇을 하는지, 진료는 믿을 만했는지 등을 환자의 입장에서 철저하게 파악해 나갔다.

메리어트 호텔은 이용고객들이 객실을 업무공간으로 사용한다는 사실을 알고는 호텔을 새로운 사무공간으로 전환하기도 했다. 그런가 하면 일본의 오사카 가스 그룹은 기업고객의 매장과 사무실에 대한 제안을 내놓아 판매증가와 효율성 향상 등의 성과를 이끌어냈다. 모두가 바디스토밍의 모범사례다.

이처럼 바디스토밍은 직접 체험함으로써 살아 있는 혁신을 할 수 있다는 점에서 유용하다. 바디스토밍의 효과를 인지한 기업들은 직접 고객이나 사용자가 되어 문제점을 개선해나간다. 필요하다면 스스로 아이가 되기도 한다.

GE의 의료기기 부문 혁신사례가 좋은 예다. GE의 의료기기 부서에서 20년 넘게 일해온 프란시스코 디츠는 '어떻게 하면 아이들이

MRI 검사를 무서워하지 않게 할 수 있을까?' 라는 고민을 했다. 대부분의 소아환자들은 MRI 검사를 거부한다. 그 이유를 아이들에게 물어보면 "무섭다", "두렵다" 등의 답변을 한다. 어떤 아이는 MRI 검사 기기 앞에서 울기만 할 뿐 아무런 대답이 없다.

아이들을 대상으로 한 서비스에서는 인터뷰에만 의지하면 정보가 왜곡되고 문제를 객관적으로 들여다보기 어렵다. 이 문제를 해결하기 위해서는 아이의 시각으로 직접 바디스토밍을 해보아야 한다.

동심으로 돌아가 실험해보자. 일단 시각적 위압감이 눈에 띄었다. 흰색과 회색 일색인 검사기기에 아이들은 바짝 긴장한다. 기기의 작동에 들려오는 미세한 소리는 불안과 공포, 두려움을 가중시킨다. 주변에 부모님도 없으니 적막감이 극에 달한다. 결국 아이들은 눈물로 고통을 호소한다.

바디스토밍을 마친 후 GE는 MRI 기기를 우주선처럼 바꾸었다. 벽면뿐 아니라 천장도 우주공간처럼 꾸며졌고, 기기 색상도 아이들이 좋아할 수 있도록 다양한 색깔로 표현되었다. 이제 MRI 기기는 우주선이 되고, 아이는 우주탐험을 떠난다. 기기 안에서는 미세한 소리 대신 스타워즈의 OST가 잔잔히 들려온다. 우주탐험이 끝나면 장난감도 준다. 이 기기는 실제로 소아병동에서 좋은 반응을 얻었고, 우주선을 비롯한 해적선, 사파리 밴 등 9가지 옵션을 서비스로 런칭하게 되었다. 새롭게 디자인된 MRI 기기 덕분에 소아환자들의 마취제 투여 횟수가 획기적으로 줄었고, 환자들의 만족지수는 90% 가까

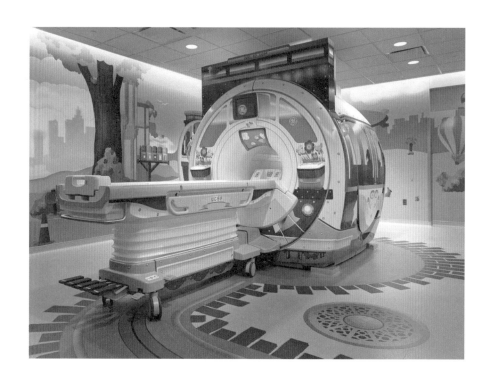

GE의 MRI 기기

이 상승했다. 더 감동적인 것은 MRI 검사를 마친 아이의 한마디였다. "엄마, 여기 또 올 수 있어요?"

인간은 자신도 몰랐던 편견이나 고정관념 때문에 새로운 사실이나 징후를 간과해버리기 쉽다. 우리에게는 편견과 아집을 버리고 허심탄회하게 느끼는 열린 마음, 편견에서 벗어나 문제를 감지하려는 자세가 필요하다. 현장의 사소한 현상이나 사건들이 비즈니스 전체에 심각한 문제를 야기할 수 있다. 이를 방지하고자 한다면 바디스토밍을 도입해보라. 바디스토밍은 현장에서 답을 찾는 강력한 방법이다. 고객과 함께 현장의 길을 걸어보라.

3장

경쟁의
에너지를
이용한다

"경쟁은
성장의 핵심동력이다.
뒤처지지 않으려면
두 배로 뛰어라."

— 윌리엄 바넷, 스탠퍼드 경영대학원 교수

# 고통스럽지만
## 위대한 춤

　　20세기 서양 미술계를 석권한 피카소에게도 숙명의
라이벌이 있었다. 바로 앙리 마티스다. 피카소는 자신보다 열두 살
많은 마티스와 평생 질투하고, 싸우고, 화해하며 예술적 영감을 주고
받았다. 앞에서 언급했듯이 피카소가 원근법을 파괴하고 새로운 회
화의 제국을 건설한 배경에도 마티스를 빼놓을 수 없다.

### 마티스의 '삶의 환희' vs 피카소의 '삶의 절규'

마티스는 색채에 일대 혁신을 일으킨 인물이다. 당시 대다수의 화

거트루드 스타인의 초상, 파블로 피카소, 1905~1906,
캔버스에 유채, 100×81.3cm, 뉴욕 메트로폴리탄 미술관

가들은 미술에서 가장 중요한 요소는 데생, 즉 선이라고 믿었다. 그러나 마티스는 색채를 가장 중요한 요소로 여기고 데생 대신 색채로 사물을 표현했다. 나무는 빨간색, 사람의 피부는 파란색, 하늘은 노란색으로 칠했다. 대상의 원래 색과 전혀 다른 색채를 강렬하게 사용한 바람에 '야수파 화가'라는 별명까지 얻게 되었다. 말 그대로 야수처럼 길들여지지 않은 날것의 감정을 표현했다는 뜻이다.

피카소와 마티스의 첫 만남은 1903년 3월로 추정된다. 당시 피카소는 미국의 시인 겸 소설가인 거트루드 스타인Gertrude Stein의 초상화를 그리던 중이었다. 그는 스타인의 초상화에 폴 세잔과 앵그르를 결합시키려는 새로운 시도를 했다.

1906년, 마티스도 세상에 점점 알려지기 시작했다. 같은 해 3월, 그는 두 번째 개인전을 여는 한편 앙데팡당전에도 작품을 출품했다. 작품 제목은 〈삶의 기쁨〉이었다.

이 그림은 마티스가 그린 그림 중 가장 크고 대담한 유화였다. 모든 낯선 작품을 스펀지처럼 빨아들였던 피카소가 이 작품을 간과했을 리 없다. 철저히 단순화된 소묘와 석판화의 놀라운 독창성이 피카소의 마음을 흔들었다. 이 작품에는 예전에 보지 못했던 불안한 에너지, 서로 어울리지 않는 형태와 색채, 사물의 역동성이 돋보인다. 짙은 노란색과 빨간색, 보라색이 뒤섞여 양식상 부조화를 이루지만 새로운 미학의 본보기가 되기에 충분하다. 이 그림은 동시대 아르누보

양식의 아라베스크 문양은 물론 선사시대 암각화에서부터 앵그르와 세잔의 구성적인 구조까지 떠올리게 한다. 그림 중앙에 둥그렇게 춤추는 사람들은 그리스의 화병 그림과 중세의 태피스트리tapestry, 초기 르네상스 시대의 책 장식은 물론 안드레아 만테냐Andrea Mantegna, 앵그르, 고야 같은 다양한 화가들을 상기시킨다.[19]

과감한 양식을 혼합한 〈삶의 기쁨〉은 입체적이고 모호하게 대상을 표현했던 피카소에게는 특히 도발적이었다. 생전 처음으로 피카소는 자신보다 마티스의 그림이 훨씬 관능적이고 자유롭다는 것을 인정해야 했다. 물론 피카소가 이 사실을 선선히 받아들였을 리는 없다. 그는 〈삶의 기쁨〉이 가당치 않음을, 자신의 작품이 더 우위에 있음을 보여주고 싶었다. 결국 피카소는 1907년 현대회화의 위대한 이정표가 될 작품을 완성해낸다. 이 그림이 바로 〈아비뇽의 처녀들〉이다. 도시 사창가 여인들의 몸을 각지게 뒤틀고 왜곡함으로써 삶의 어두운 현실을 절감하게 하는 이 작품은 경쟁자인 마티스의 〈삶의 기쁨〉을 정면으로 겨냥하고 있었다.

두 사람은 어느 한 순간도 상대방을 염두에 두지 않은 적이 없었다. 1905년 스타인 가家의 후원을 놓고 처음 겨루었던 순간부터 반목하고 견제하기 시작했으며, 이는 사후에도 계속되었다. 당시 피카소는 이렇게 술회했다. "당시 나와 마티스가 작업하고 있던 것은 무엇이든 나란히 놓고 비교할 수 있다. 나는 누구보다 주의 깊게 마티스의 그림을 바라보았고, 마티스는 누구보다 주의 깊게 내 작품을 바라

삶의 기쁨, 앙리 마티스, 1905~1906년,
캔버스에 유채, 174×238.1cm, 펜실베이니아 반즈 파운데이션

보았다."

　두 사람은 서로에게 저항했지만 또한 동시에 서로의 작품세계를
인정했다. 피카소는 자신의 작품에 '마티스적 요소'를 종종 차용하
곤 했다. 피카소의 〈기대어 누운 누드〉는 마티스의 〈푸른 누드〉의 자
세를 기묘하게 비튼 것이다. 강렬하게 타오르는 색채, 싹트기 시작
한 식물과 과일, 율동적인 장식 문양은 모두 마티스가 좋아하는 장치
들이다. 그런가 하면 피카소가 애인 프랑수아즈 질로를 그린 〈여인-
꽃〉은 〈마티스 부인의 초상〉을 연상시킬 뿐 아니라 "내가 만약 그녀
를 그린다면 머리카락을 초록으로 하겠다"던 마티스의 말에서 직접
모티브를 얻었다. 상황이 이쯤 되자 마티스는 언제 피카소에게 아이
디어를 도용당할지 모른다는 피해의식을 갖기에 이르렀다. 마티스
의 말대로 피카소는 "매복하고 기다리는 노상강도"였다.

　그러나 이렇게 분개한 마티스의 초상화에도 피카소의 입체주의가
깃들어 있다. 잠든 모습을 가까이에서 잡는 구도는 피카소가 즐기는
주제다. 마티스의 1935년 작 〈꿈〉에서 팔을 괴고 잠든 여인은 피카소
의 1931년 작 〈노랑머리 여인〉을 연상시킨다.

　이 둘을 모두 알고 있던 막스 자코브는 마티스에게 이런 말을 들었
다고 한다. "만약 내가 지금과 다른 것을 그린다면 피카소같이 그리
고 싶네."

　이에 막스 자코브는 이렇게 대답했다. "참 묘하군요! 피카소도 당
신에 대해 똑같은 말을 했는데요."

그들은 매우 다른 종류의 사람으로, 서로 다른 방식으로 예술세계를 펼쳐나갔다. 서로 간 경쟁을 통해 말이다.


## 경쟁이 위대함을 만든다

다음 페이지의 그림을 보라. 같은 대상을 그린 두 화가의 작품이다. 누구의 작품인지 알겠는가? 어떤 차이가 느껴지는가?

위쪽은 고흐가, 아래쪽은 고갱이 그린 작품이다. 똑같은 대상을 그린 작품인데도 두 작품은 완전히 딴판이다. 고갱의 그림은 숄의 둥근 곡선과 넓은 코, 완만한 눈썹, 턱까지 둥그스름한 반면, 고흐가 그린 지누 부인은 뾰족한 턱과 코, 각진 눈썹 등 모든 선이 날카로워 대조를 이룬다. 또한 고갱은 엄연히 초상화인데도 대상의 이름을 무시하고 〈아를의 밤의 카페〉라는 제목을 붙였다. 고갱은 카페 안의 사람들을 모두 타락한 인물로 묘사함으로써 반 고흐가 소중히 여기는 이들을 모독하곤 했다.

고흐와 고갱은 함께 살면서 늘 논쟁을 벌였다. 두 사람은 자주 흥분했고 격렬하게 다퉜다. 고갱은 그 시절을 이렇게 회상했다. "고흐와 나는 거의 매번 의견이 달랐다. 특히 그림에 관해서 그랬다. 고흐는 로맨틱했고 나는 원초적인 상태에 도달하려고 했다. 색상만 해도

위_아를 여인-지누 부인, 빈센트 반 고흐, 1888년, 황마에 유채, 91.4×73.7cm, 뉴욕 메트로폴리탄 미술관
아래_아를의 밤의 카페, 폴 고갱, 1888년, 캔버스에 유채, 73×92cm, 모스크바 푸시킨 국립 미술관

고흐는 몽티셀리처럼 물감의 반죽을 무작위로 선택했지만, 나는 기교를 부려 만지작거리는 걸 싫어했다."

각자가 추구하는 예술에 대한 집념은 결국 상대를 헐뜯는 비방으로 이어졌다. 고갱이 떠나자 고흐는 자신의 한쪽 귀를 자르는 자해까지 감행한다. 목사의 아들로서 차분하게 자라온 고흐가 정신분열적 행동을 보인 것은 고갱과의 경쟁에서 지기 싫어하는 마음이 분노로 표출된 것이었으리라.

위대한 화가는 단지 엄청난 노력이나 천재성만으로 위대한 반열에 오른 것이 아니다. 고흐도 마찬가지다. 그는 자신의 화풍이 시대에 뒤떨어져 있음을 깨닫고 곧장 파리로 달려가 인상파 기법을 배우고 그것을 넘어서며 당대 화가들과 경쟁했다. 특히 말년에는 고갱과 경쟁하고 때로는 협력하며 자신의 업적을 완성했다.

오늘날 피카소와 고흐의 위대함은 경쟁에서 비롯되었다. 피카소와 마티스, 고흐와 고갱은 경쟁을 통해 스스로를 발전시킨 모범 사례다. 고통스럽지만 경쟁의 춤을 춰야 하는 이유를 이들에게서 찾을 수 있다.

경쟁한다는 것이 각 개인에게는 힘든 일이지만, 경쟁의 합은 사회 전체로 보아 긍정적인 결과를 낳는다. 실제로 경쟁은 개인의 능력을 높이는 동기가 되며 사회의 자원을 효율적으로 분배하는 사회적 기술이다.

왼쪽_알리스캉의 가로수길, 빈센트 반 고흐, 1888년, 캔버스에 유채, 92×73.5cm, 개인소장
오른쪽_알리스캉 풍경, 폴 고갱, 1888년, 캔버스에 유채, 81.5×72.5cm, 프랑스 파리 오르세 미술관

중국은 춘추전국 시대에 경쟁적으로 부국강병을 추구하고 학자를 우대함으로써 과학과 사상의 발전을 이루었다. 그 시대를 '제자백가 시대'라 한다. 당시 군주들은 학파 간 경쟁과 학파 내 경쟁을 통해 장점은 받아들이고 단점은 고쳐가며 풍성한 사상적 성취를 이루었다. 유럽 또한 마찬가지다. 절대권력이 없던 시절, 유럽 각국은 사람의 재능과 아이디어, 자본을 놓고 치열하게 경쟁해야만 했다. 그 덕분에 상인들이나 기술자들은 자유롭게 활동할 공간을 확보할 수 있었으며, 마침내 산업혁명과 같은 자율적인 경제환경이 출현할 수 있었다.

그럼에도 혹자는 이렇게 말한다.

"굳이 경쟁하면서 살 필요가 있나? 경쟁 없는 블루오션을 찾으면 되지!"

실제로 최근 몇 년간 블루오션을 필두로, 경쟁이 필요 없는 곳으로 가라는 주장이 힘을 얻고 있다. 이에 대해 스탠퍼드 경영대학원의 윌리엄 바넷 교수는 이렇게 단언한다.

"블루오션에 대한 환상을 버려야 한다!"

그는 경쟁이 기피해야 할 대상이 아니라 오히려 성장의 핵심동력이라고 주장한다. 바넷 교수는 실증적인 연구를 통해 1900년 이후 미국 일리노이 주에서 영업한 2970개 소매은행의 흥망을 분석한 결과 '경쟁에 노출된 조직은 실패 확률이 더 낮다'고 결론 내렸다.

경쟁하는 과정은 고통스럽지만, 경쟁을 통해 기업들은 더 높은 성과를 달성하기 위해 노력하게 된다. 설령 경쟁에 밀렸다 해도 그 과정에서 얻은 노하우를 토대로 만회할 방법을 찾고 배우게 된다. 그러다 보면 경쟁력이 쌓이고, 이는 상대 경쟁자에게 다시 자극을 준다. 이 과정을 반복하면서 기업들은 한발 앞으로 나아간다. 그러니 성장을 바란다면 경쟁을 피하지 말고 오히려 즐겨야 한다.

포춘 500대 기업의 평균 영속기간이 20년도 안 된다는 것은 널리 알려진 사실이다. 이처럼 냉혹한 세계에서 100년 넘게 성장하는 기업들이 있다. 제조업계의 대표적인 두 라이벌, GE와 지멘스가 그 주인공이다.

두 회사의 성장 과정은 무척 비슷하다. 두 회사는 19세기 발명가이자 벤처사업가인 토머스 에디슨과 에른스트 베르너 폰 지멘스에 의해 세워졌다. 애초 두 기업은 각각 전구와 전신장비를 생산하는 벤처기업으로 출발했지만, 초기 사업부문의 이익이 줄어들자 JP모건 등 거대 투자은행이 개입했다. 이들의 지휘 아래 두 회사는 M&A를 통해 사업부문을 다각화하면서 비용을 절감하고 순이익을 늘리는 비슷한 전략을 추구하기 시작했다. 그 과정에서 GE와 지멘스는 대서양 건너편에 있는 상대를 철저하게 벤치마킹했다. 지금 두 회사의 비즈니스 포트폴리오가 80% 정도 일치하게 된 까닭이다.

이후 100년 넘는 세월 동안 두 회사는 서로 치열한 경쟁을 거치며 지금까지 왔다. 지난 2002년에는 지멘스 회장이 'GE를 무찌르자'라는 공격적인 슬로건을 내걸었을 정도이니 두 회사의 경쟁관계가 어느 정도인지 감이 올 것이다.

2014년 두 회사는 다시 운명적인 외길에 마주 섰다. 둘은 프랑스 제조업의 상징인 전력 및 운송업체 알스톰을 차지하기 위해 경쟁했다. 당시 로이터와 블룸버그통신 등의 전문가들은 "GE의 제프리 이멜트와 지멘스의 조 카이저 개인의 운명뿐 아니라 GE와 지멘스 전체의 미래가 달린 빅딜이 진행 중"이라며 "그 결과가 글로벌 제조업체 지형을 바꿔놓을 수 있다"고 전망했다.

알스톰 인수전에 세계의 시선이 집중된 이유는, 100여 년 동안 경쟁하면서도 두 기업이 M&A 시장에서 정면으로 격돌한 것은 처음이었기 때문이다. 전통적으로 GE는 북미 지역, 지멘스는 유럽 지역 회사를 사들이는 방식으로 몸집을 불리며 상대방 영역은 좀처럼 침범하지 않았다. 하지만 초경쟁시대가 되면서 모든 영역에서 GE와 지멘스의 정면대결은 피할 수 없는 숙명이 되어버렸다. 결국 알스톰 인수의 승자는 GE가 되었다. 이후에도 그들의 경쟁은 물론 계속된다. 지난 100년이 그랬듯이, 향후에도 GE와 지멘스는 지속적인 경쟁관계를 통해 성장해갈 것이다. 필요하다면 적과의 동침을 통해서라도….


## 룰을 차지하는 경쟁을 하라

영국의 동화 작가 겸 수학자인 루이스 캐럴이 쓴 동화《이상한 나라의 앨리스》의 속편《거울 나라의 앨리스》에는 앨리스가 붉은 여왕의 손에 끌려가는 장면이 나온다. 한참을 달렸는데도 이들은 제자리에 있다. 앨리스는 숨을 헐떡이며 붉은 여왕에게 묻는다.

"왜 계속 이 나무 아래인 거죠? 내가 살던 곳에 도착해야 하는데 말이에요."

붉은 여왕은 이렇게 대답한다. "여기서는 있는 힘껏 달려야 지금 그 자리에라도 계속 있을 수 있단다. 다른 곳에 가고 싶으면 아까보다 최소한 두 배는 더 빨리 달려야 해."

이 이야기는 아무것도 하지 않으면 현 상태를 유지하는 것은 고사하고 뒤로 밀려나 결국 도태되고 만다는 메시지를 던져준다. 여기에서 윌리엄 바넷의 '붉은 여왕 가설'이 나왔다. 그렇다면 생각해보자. 무조건 달리기만 하면 될까? 물론 그렇지 않다. 경쟁에 이기기 위해서는 다음의 조건이 필요하다.

첫째, 먼저 결핍을 느껴야 한다.

경쟁은 혁신과 변화를 일으키는 원동력이다. 경쟁관계에 놓일 때 자신의 결핍도 민감하게 느끼게 된다. 애플과 삼성의 사례에서 보듯 애플이 혁신제품을 내놓으면 삼성전자는 바로 대응을 한다. 삼성전자가 혁신제품을 내놓으면 애플도 그렇게 한다. 경쟁은 이런 식으로 서로를 힘들게 하며 당사자의 결핍을 노출시킨다. 그 결핍이 혁신의 시금석이 된다. 경쟁과 혁신 없이 가만히 있으면 당장은 편하겠지만, 경쟁이 주는 엄청난 혜택을 누리지 못한다.

경쟁의 혜택을 누리지 못해 어려움을 겪는 회사가 LG전자다. LG 전자는 2015년 3분기 매출액 14조 288억 원, 영업이익은 2940억 원을 기록했다. 1년 전에 비해 매출은 5%, 영업이익은 37%나 줄었다. 스마트폰 부진이 전체 실적을 악화시키는 결정적 원인이 됐다. 같은 시점에 애플은 사상 최대 규모의 매출과 이익을 올렸고, 삼성전자도 스마트폰 부문에서 1~2분기와 비슷한 규모의 영업이익을 발표했다. 반면 LG는 천연가죽 커버를 씌운 'G4'를 출시하고 글로벌 차원으로 대대적인 마케팅을 전개했지만 카메라 외에는 하드웨어나 소프트웨어 모두 딱히 내세울 만한 강점이 없다는 지적을 받으며 중국의 화웨이, 샤오미, 레노버에 밀려 6위까지 떨어졌다. LG 스마트폰 부진의 원인은 과거 초콜릿폰, 샤인폰 등 피처폰의 성공에 안주해 스마트폰 사업을 뒤늦게 시작한 데 있다. 성공에 취해 결핍을 뒤늦게 느낀 결과다.

둘째, 리더가 경쟁을 성장의 동력으로 보아야 한다.

결국 경쟁의 시작과 성공은 리더에게 달려 있다. 경쟁에 적극적인 리더가 이끄는 기업이 경쟁에 대처도 잘한다. 경쟁을 피하려는 것은 잘못된 관행이다. 리더는 조직구조, 인력, 제도, 문화를 경쟁에 최적화해야 한다. 이렇게 되었을 때 '시스템이 이끄는 조직'이 될 수 있다. 이러한 시스템이 갖추어지면 경쟁을 통한 혁신이 일어난다.

무엇보다 리더는 직원을 경쟁에 노출시킬 용기가 있어야 한다. 리더란 누구인가? 리더는 미래를 아는 사람이 아니다. 리더는 미래를 발견할 조직을 만드는 사람이다. 현대자동차는 2002년 중국 진출을 선언했다. 당시 중국시장은 이미 포화상태였다. 경쟁은 심했고 공급과잉에 대한 우려도 적지 않았다. 그럼에도 정몽구 회장은 10년을 내다보는 장기계획을 수립하고 중국시장 쟁탈전에 뛰어들었다. 2015년에는 글로벌 독자 브랜드인 '제네시스'를 출범해 고급차 시장에서 경쟁하고 있고, 미국시장 공략도 다각화하고 있다. 물론 벤츠와 BMW 같은 독일차, 중국의 토종 자동차 기업의 반격이 만만치 않지만 현대자동차의 경쟁은 지금도 진행 중이다.

셋째, 메타경쟁에서 이겨야 한다.

여기서 메타meta는 '더 높은', '초월한'의 의미를 지닌다. 현명한 기업들은 경쟁에 뛰어들기 전에 먼저 메타경쟁에서 이긴다. 메타경쟁은 게임의 룰에 대한 경쟁이다. 어떤 경쟁이든 룰을 정립하는 자가 승리한다. 미국에 슬롯머신 세계 1위 제조사인 IGT라는 기업이 있다. 대개 도박이 허용되는 국가들을 보면 정부가 나서서 특정 구역을 정한다. 아울러 업무의 공정성을 기하기 위해 위원회를 설립하고 게임기기류의 표준을 마련한다. IGT는 이 위원회에 대변인을 파견하고, 정부가 표준을 마련하는 작업을 돕기 위해 위원회에 게임기기의 이상적인 사양을 전달한다. IGT가 판매하는 게임기기가 위원회의 표준에 부합하는 건 놀라운 일이 아니다. 이 과정에서 불법이나 잘못된 관행도 물론 없다.

어떤가? IGT는 바로 메타경쟁에서 승리한 것이다. 일단 룰을 만드는 데에서 이기면 이후 경쟁에서 승리할 확률은 획기적으로 높아진다. 과거 한국에서는 CDMA 기반이 아닌 휴대폰은 판매하기조차 어려웠다. 퀄컴이 개발한 CDMA 기술이 1996년 한국에서 최초로 상용화에 성공하면서 메타경쟁에서 유리한 입지를 만들었기 때문이다. 메타경쟁의 위력은 이처럼 강력하다.

스포츠가 재미있는 이유는 누구에게나 똑같은 룰이 적용되는 공정한 경쟁이기 때문이다. 하지만 비즈니스 경쟁은 다르다. 똑같은 룰은 없다. 변칙도 있고 예측도 되지 않는다. 그래서 비즈니스 경쟁의 승자가 위대한지도 모르겠다. 그러니 사업을 할 때에는 주어진 게임 룰 안에서 이길 생각만 하지 말고 메타경쟁을 고민하라. 경쟁의 규칙을 먼저 규정할 수 있다면 승률은 획기적으로 올라갈 테니.

# 비슷하게
# 훌륭한 것은
## 필요 없다

      목이 말라 편의점을 찾은 당신. 하지만 수십 가지 생수가 놓인 매대 앞에 서니 선택이 쉽지 않다. 특별히 선호하는 생수가 있는 것도 아닌데, 가격도 고만고만하고 무엇이 어떻게 다른지도 잘 모르겠다.

  제품을 만드는 공급자들은 아마 자신의 제품이 어떤 점에서 차별화되는지 확실하게 인식할 것이다. 그러나 불행히도 일반 소비자에게는 그 차이가 잘 보이지 않는다. 공급자는 직관적으로 제품을 분류하지만 일반 소비자는 뭘 기준으로 선별해야 할지 갈피조차 잡지 못한다. 특히 초보 소비자들에게는 쇼핑이 단순한 구매행위라기보다는 고도의 지적 활동이 된다.

비단 생수뿐이겠는가. 음료수, 세제, 비누, 칫솔, 시리얼, 신발 등 일상적인 용품 대부분이 같은 형편이다. 매장에서 물건 고르는 모습을 보면 마치 건초더미에서 바늘을 찾아내는 것 같은 느낌을 받는다. 카테고리의 수가 증가할수록 제품의 구매빈도가 높아지는 것도 아닌데 말이다.

이렇다 보니 소비자들을 특정 선택지로 이끌기 위한 공급자들의 노력은 더욱 치열해진다. 그래서 제품 자체의 차별화보다는 마케팅 관점에서 '어떻게 하면 소비자가 더 쉽게 선택할 수 있는가'에 초점을 맞추게 된다. 대학생 이모 씨는 친구와 점심메뉴 고르는 게 고민이다. 서로 "나는 아무거나 먹어도 되니 네가 골라라"며 선택을 미루는 통에 학교 앞 식당거리를 두세 번 돌아다닌 적도 많다. 그는 최근에 음식배달 앱 서비스를 이용하기 시작했는데, 이 앱에서는 '아무거나'를 클릭하면 임의로 메뉴를 추천해준다. 점심메뉴 같은 사소한 선택을 도와주는 라이프스타일 앱이 등장한 것을 시작으로, 남자친구 바지 색깔 결정, 성형을 할까 말까 등의 질문을 올려 투표에 붙이는 앱도 인기를 끌고 있다.

그 많은 기업들이 소비자들에게 확실하게 차별화된 제품을 선보이지 못하는 이유는 무엇일까? 《디퍼런스》에 소개된 다음의 사례가 잘 설명해준다. 전 세계 자동차 메이커들 사이에서 가장 안전한 자동차로 손꼽히는 브랜드는 무엇일까? 바로 '볼보'다. 볼보는 우아한 외관도 외관이지만 안전에 관해서만큼은 세계 어떤 자동차 메이커보다 명성이 높다.

볼보가 '안전한 차'라는 인식을 갖게 해준 것은 바로 볼보의 고향인 스웨덴의 척박한 환경 때문이다. 거친 산길과 극한의 날씨, 얼어붙은 도로 등 차량운행에 좋지 않은 조건을 두루 갖춘 환경을 극복할 만한 차량을 만들다 보니 자연스레 차량이 튼튼해진 것이다.

그런가 하면 전 세계 자동차 메이커들 사이에서 패션카의 대명사로 손꼽히는 브랜드는 무엇일까? 바로 '아우디'다. 아우디라 하면 깔끔한 디자인과 세련된 이미지로 유명하다. 범퍼 부분까지 시원하게 구성되어 있는 라디에이터 그릴과 멋있는 블랙바디로 부드럽고 패셔너블한 외관을 뽐낸다.

하지만 이러한 차이는 10년 전의 이야기다. 그동안 무슨 일이 벌어진 걸까? '안전'과 '디자인'이라는 두 특성이 자동차 브랜드를 평가하는 필수항목으로 자리 잡으면서, 전 세계 자동차 브랜드들이 두 항목에서 높은 점수를 얻고자 치열하게 경쟁을 벌여왔다. 물론 이 외에도 연비, 승차감, 가격, 내구성 등이 필수적인 평가항목으로 포함되었다.

오른쪽 그림에서 보는 바와 같이 볼보의 가치요소 중 가장 높은 항목은 '안전성'인 반면 가장 낮은 부분은 '디자인'이었다. 반면 아우디는 '디자인'에서 높은 점수를 받은 반면 '안전성'은 점수가 낮았다. 하지만 오늘날 세단 시장을 살펴보면, 안전성 테스트에서 아우디

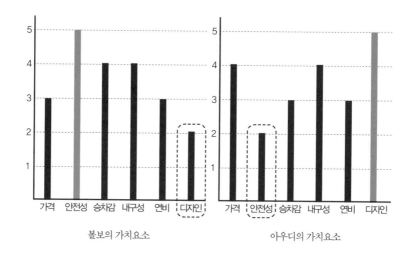

볼보의 가치요소                    아우디의 가치요소

가 볼보를 앞지르고 있다. 반면 볼보의 TV광고는 귀엽고 예쁜 디자
인을 강조한다. 즉 볼보는 디자인에 도전하고, 아우디는 안전성에 도
전한 것이다. 2007년 볼보는 세계 3대 디자인상으로 불리는 레드닷
디자인 어워드에서 수상했고, 2010년에도 모토리스트 초이스 어워
드에서 '큐트Cute' 상을 거머쥐었다. 이에 질세라 아우디는 A6 모델에
8개 에어백을 장착해 안전성을 높였고, 미국 고속도로안전보험협회
충돌 테스트에서 '가장 안전한 차'로 선정되기도 했다.

한마디로 볼보와 아우디가 자신의 약점을 만회하고자 각축을 벌
여온 것이다. 이는 고객들의 요구사항이기도 했다. 아우디를 선호하
는 고객들을 대상으로 개선점에 대해 물어보면, 디자인은 만족하지
만 좀 더 견고하고 튼튼한 차를 주문한다. 반면 볼보 고객들은 안전

성에 대해서는 만족하지만 디자인이 좀 더 멋졌으면 좋겠다고 얘기할 것이다. 따라서 자동차 메이커들은 자사의 경쟁력을 높이기 위해서는 강점을 강화하기보다 약점을 보완해야 한다는 결론을 내리게 된다.

이러한 현상은 자동차 산업에만 국한되지 않는다. 전자상거래를 대표하는 오픈마켓 시장도 마찬가지다. 2015년 국내 오픈마켓의 시장점유율을 살펴보면 지마켓이 약 38%로 부동의 선두를 지키고 있다. 뒤를 이어 11번가가 32% 내외로 선두 추격에 나섰고, 옥션의 시장점유율은 26% 선으로 미세한 하락세를 보이고 있다. 2015년에는 소셜커머스 쿠팡과 대형 유통업체들이 오픈마켓 시장에 진출하면서 국내 마켓플레이스 시장이 격동기에 접어들었다. 불과 4~5년 전만 해도 쿠팡은 외식, 인터파크는 여행, 위메프는 패션, 지마켓은 디지털·잡화와 같이 특정 분야에서 강점을 인식시켜왔다. 그러나 최근에는 그 경계가 완전히 사라진 듯하다. 과거에는 오픈마켓 3사와 소셜커머스 3사가 별도의 시장에서 경쟁했지만, 이제는 전체 전자상거래 시장에서 1위 자리를 놓고 경쟁하는 양상이 된 것이다.

그러나 이처럼 경쟁하는 동안 차별화는 오히려 사라지고 말았다. 누구보다 열심히 약점을 보완했지만 경쟁력은 나아지지 않고 더 떨어진다. 이러한 현상을 '경쟁의 역설competition paradox' 이라고 한다. 경쟁력 관점에서 볼 때 모두 잘하는 것만으로는 성공이 보장되지 않는다. 진짜 중요한 것은 남과 다른, 차별화된 무언가를 갖는 것이다.

## 뚱뚱한 것이 아름답다?

2015년 이른 가을, 나는 라틴 미술계의 거장을 보기 위해 예술의 전당을 찾았다. 거장의 작품 앞에서 나는 웃음을 터뜨릴 수밖에 없었다. 나뿐 아니라 대부분의 관람객은 작게 키득거리기라도 해야 했다. 그렇다고 비웃음은 결코 아니었다. 이상적인 아름다움을 벗어던지고 친근하고 편안함을 주는 그림 속 인물들 앞에서 사람들은 무장해제된다. 관람객을 무장해제시킨 주인공은 바로 페르난도 보테로다.

보테로는 1932년 콜롬비아의 안데스 산맥 고원지대에 위치한 메데인에서 태어났다. 그로부터 20년 후 수도 보고타에서 그의 작품 전시회가 열렸는데, 한 점도 남김없이 모두 팔리는 꿈같은 일이 벌어졌다. 미술 교육도 제대로 받은 적 없는 시골 소년의 그림이 이렇게 인기를 끈 이유가 무엇이었을까?

아직 실력이 무르익지 않은 젊은 화가들은 조바심에 빠지기 쉽다. 그래서 거장들의 특성을 다 결합시키고 싶어 한다. 마티스의 색채, 반 고흐의 터치, 피카소의 구성을 모두 합쳐보겠다는 식이다. 마치 아우디와 볼보가 서로의 장점을 접목했던 것처럼 말이다. 과연 보테로도 그렇게 했을까? 아니다. 그랬다면 오늘날 우리가 기억하는 보테로는 없었을 것이다. 오히려 보테로는 이렇게 말했다.

"다른 학생들과 달리 난 항상 추상미술에서 불완전한 무언가를 느낀다. 예술은 위대한 표현의 기술과 장식적인 형태의 조화라고 생각하는데, 내게 추상미술은 그저 장식예술에 불과하다.”

2003년 파리의 마욜 미술관에서 열린 개인전에서 보테로가 한 말이다. 그리고 그는 인물화에 집중한다. 인물화야말로 자신의 뿌리인 남미문화의 전통과 연결된다는 점을 분명하게 인식했기 때문이다. 유럽에 체류하는 동안 보테로는 대가들의 작품을 그만의 방식으로 재해석하여 그리기 시작했다. 라파엘로, 벨라스케스, 알브레히트 뒤러Albrecht Dürer, 얀 반 에이크Jan van Eyck, 비제 르 브룅Elizabeth Louise Vigée-Le Brun 등 대가의 작품을 독창적이고 전혀 색다른 느낌으로 재탄생시켰다.

백문이 불여일견, 그의 그림을 보자. 오른쪽 그림은 보테로가 그린 〈발레 바의 무용수〉라는 작품이다. 그림의 무용수는 키 150cm에 몸무게 100kg은 족히 넘어 보인다. 이상적인 몸매는 아닌데, 볼수록 매력이 느껴진다. 분명 뚱뚱하지만 무겁지는 않다. 오히려 바람 불면 훅 날아가버릴 듯 가벼운 느낌이다. 그래서 보는 관객들에게 답답함이 아닌 경쾌함을 전달한다.

보테로가 그린 〈아담과 이브〉 또한 지금까지 우리 눈에 익었던 그림과는 딴판이다. 뒤러가 그린 것처럼 건장한 아담과 관능적 이브의 이미지는 찾아볼 수 없다. 몸통을 가리면 남녀 구분이 힘들 만큼 넓적하고 개성 없는 얼굴에 우람한 다리를 자랑한다. 게다가 아담보다 덩치가 큰 이브의 수줍은(?) 표정을 보라. 유혹에 넘어가 금단의 열매를 먹고 고뇌하는 ‘약한 모습’은 찾기 힘들다. 벨라스케스의 그림

발레 바의 무용수, 페르난도 보테로, 2001년, 캔버스에 유채, 164×116cm

아담과 이브, 알브레히트 뒤러, 1507년, 패널에 유채,
209×81cm, 프라도 미술관

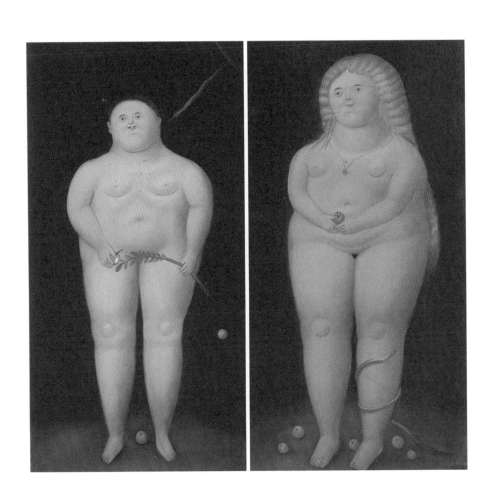

아담과 이브, 페르난도 보테로, 1968년

을 모사한 〈시녀들〉도 마찬가지다. 보테로 특유의 통통한 인물상으로 재해석한 그림의 주제와 구도는 원작과 동일하지만 분위기는 사뭇 다르다.

여기에 덧붙여 보테로의 작품은 어딘가 모르게 촌스러움이 있다. 그런데 그 촌스러움이 '세련됨'의 반대말이라기보다는 '여유 없음'의 반대말처럼 느껴진다. 그림을 보고 있으면 느긋한 여유가 생긴다. 이러한 이유로 보테로의 작품은 평론가들로부터는 이해받지 못할지언정 일반 관객들에게 꾸준히 사랑받고 있다.

삶의 고통이나 침울함, 죽음 등의 무거운 주제를 다루어야 예술작품에 깊이가 생기는 걸까? 보테로의 '절대 볼륨'이라 부를 만한 독창적인 스타일은 서양 예술사에 깊게 뿌리박힌 편견에 경종을 울린다.

또한 그의 그림은 사물을 정확히 화폭에 재현해야 한다는 서양 미술사의 고정관념에서 벗어나, 오히려 사물에서 느껴지는 개성을 극대화함으로써 보는 이들에게 즐거움을 준다. 이는 대다수의 화가들이 놓치고 있는 지점이기도 하다.

무엇보다 보테로의 볼륨감 있는 그림은 다른 화가들과 확실하게 구별되는 차별화 전략이다. 그가 그림을 시작한 당시에는 피카소를 비롯한 세잔, 루벤스, 고흐 등 거장들이 남긴 유산이 서양미술계를 여전히 지배하고 있었다. 이런 상황에서 어떻게든 자기만의 개성이 필요했다. 구성과 구도, 색채, 형태, 스타일 등 모든 영역에 집중할 수는 없었다. 역량과 자원에는 한계가 있기 때문이다. 만약 보테로가

위_ 시녀들, 디에고 벨라스케스
아래_ 시녀들, 페르난도 보테로, 1978년, 개인소장

모든 영역에 집중했다면 그 역시 경쟁의 역설에 사로잡히고 말았을 것이다.

결국 그는 형태, 그중에서도 볼륨에 집중한다. 보테로는 볼륨으로 형태를 만들고 조형성을 획득하고 나아가 풍만한 형태를 창조하고 싶어 했다. 인간의 누드를 그릴 때 특별함은 고려하지 않았다. 누드는 그에게 그저 과일이나 바나나, 오렌지같이 하나의 소재일 뿐이다. 보테로가 추구하고자 한 것은 '시선의 관능성'이 아니라 그가 좋아했던 이집트 작품처럼 형태를 통해 이루어지는 '촉각의 관능성'이었다. 이러한 이유로 그는 인간의 몸에 과도한 볼륨을 부여하고, 캔버스 대부분을 차지하도록 인물을 크게 그렸다. 관람객들이 실제로 작품을 마주할 때 살아 숨 쉬는 생동감을 느낄 수 있을 만큼 말이다. 그리하여 관람객들은 손으로 그림을 만져보고 싶은 촉각의 에로티시즘을 느끼게 된다. 결국 보테로의 경쟁적 차별화 지점은 르네상스 시대부터 추구했던 관능적인 사실성이 아니라 볼륨감 그 자체인 것이다.

보테로의 차별화 지점이 가장 극명하게 드러나는 작품은 그 유명한 〈모나리자〉다.

〈모나리자〉는 세상에서 가장 유명한 작품이다. 가격은 이미 의미가 없는 대작이다. 그래서 다른 화가들도 이 작품을 많이 모사했다. 〈아일워즈 모나리자〉와 다빈치의 제자들이 그렸다고 알려진 〈프라도 모나리자〉를 비롯해 마르셀 뒤샹, 앤디 워홀Andy Warhol 등의 거장들이 모나리자를 모사했는데, 심지어 형태의 변화도 거의 없다. 자신만의 화풍을 별반 살리지 않아서 일반 비전문가는 어떤 차이점이 있는지 판단하기 쉽지 않을 정도다. 그러나 보테로는 기대를 저버리지 않는다. 163쪽에 그가 그린 〈모나리자〉를 보라.

보테로는 〈모나리자〉의 모작에서 과감한 '형태의 파괴'를 감행한다. 즉 기법적으로 차별화하기보다는 인물을 기형적으로 표현함으로써 자신만의 색깔을 드러낸다. 그림을 자세히 보자. 얼굴, 손, 발의 크기가 상대적으로 너무 차이 난다. 얼굴이나 몸통은 지나치다 싶을 만큼 확대한 반면, 손과 발은 기형적이라 할 정도로 작게 표현했다. 원작과 인체비례에 대한 새로운 해석과 접근이 작품에서 확연히 드러난다.

이 작품은 뉴욕 현대미술관에 처음 전시될 당시 뉴욕 시민 중 모르는 사람이 없을 정도로 유명했다고 한다. '살찐 모나리자', '뚱뚱한 모나리자', '다이어트에 실패한 모나리자' 등의 별칭이 붙으면서 관람객의 흥미를 유발했다. 나는 보테로의 모나리자가 볼을 깨물어주고 싶을 정도로 귀여운 소녀 같다. 다빈치의 신비한 미소가 보테로의 붓을 거치면서 보테로 식의 익살로 거듭난 것이다. 이것이 바로 경쟁의 역설에서 벗어날 수 있는 보테로 식 차별화 전략이다. 보테로 특유의 통통한 인물상으로 재해석한 그림의 주제와 구도는 원작과 동일하지만 분위기는 사뭇 다르다. 오죽하면 그림이 워낙 독창적이어서 정형외과 의사가 디스크 환자에게 살을 빼라면서 보테로의 그림을 보여줄 정도라고 한다.

프라도 모나리자, 다빈치의 제자들, 패널에 유채, 76.3×57cm, 프라도 미술관

모나리자, 페르난도 보테로, 1978년, 유채, 187×166cm, 뉴욕 현대미술관

피카소 또한 평생 부단히 차별화에 매진했다. 앙리 마티스의 그림에서 영향 받아 〈아비뇽의 처녀들〉을 그렸지만, 두 그림이 판이하게 다른 느낌을 준다는 점에서 차별화된다. 만약 피카소가 여기서 만족해 더 이상의 발전을 이루지 못했다면 오늘날 위대한 입체주의 화가로 인정받지 못했을 것이다. 피카소의 초기 그림은 아프리카 목각인형 등을 여러 각도에서 바라보고, 이를 다시 평면에 표현하는 방식의 기하학적 입체주의로 출발했다. 그러나 그 수준에 머물지 않고 분석적 입체주의를 거쳐 옷감, 나무 등을 그림에 이용하는 꼴라주 형태의 종합적 입체주의로 발전시키며 입체주의의 대표 화가로서 입지를 강력하게 구축했다. 사실 입체주의는 당시 많은 화가들이 한 번쯤 시도해본 사조이고 브라크 등 유명 화가들도 많았음에도 오늘날 피카소가 입체주의의 선구자로 널리 알려진 데에는 그만의 차별화 전략이 한몫한 것으로 보인다.

## 거꾸로 가는 경쟁의 기술

보테로 식 차별화 전략에 비견해 내가 종종 소개하는 브랜드가 있다. 바로 이케아다. 오늘날 이케아는 전 세계 가구시장에서 강력한 브랜드 인지도를 자랑하고 있다. 2014년에는 한국에도 진출해 큰 주목을 받았다.

이케아의 성공원인은 무엇일까? 저렴한 가격, 친환경 소재, 낮은 임대비용이라고 생각하는가? 아니다. 실질적인 근본 원인은 따로 있다. 다음의 사례를 통해 이해해보기 바란다.

얼마 전 일산에 사는 홍길동 씨는 이케아 매장에서 조립식 옷장과 책장을 구입했다. 그는 박스를 연 다음 조립설명서를 보면서 부품들을 하나하나 맞추기 시작했다. 그런데 설명서의 내용이 생각만큼 상세하지 않아서, 부품이나 나사가 들어가야 할 자리를 적당히 추정해서 끼우다 보면 여지없이 잘못된 결과로 이어졌다. 그때마다 애써 조립한 부품을 분해한 다음 처음부터 다시 조립해야 했다.

홍길동 씨는 퍼즐 맞추기라 생각하고 묵묵히 작업을 반복해 나갔다. 하지만 똑같은 나사들을 뺏다가 다시 끼우는 과정은 얼마나 지루한가. 때문에 긍정적인 마음을 유지하기가 쉽지 않았고, 전체 조립시간은 예상보다 훨씬 길어졌다. 우여곡절을 거쳐 조립이 끝나자, 그의 눈앞에 이케아 매장에서 보았던 그 옷장과 책장이 완성되어 있었다. 흩어져 있는 옷가지와 책들을 정리하는 그의 마음은 매우 뿌듯했다. 작업을 마치고도 몇 주 동안이나 자신도 모르게 미소를 지을 만큼 옷장과 책장이 자랑스러웠다.

객관적으로 봤을 때 그 옷장과 책장은 그리 고품질이 아니다. 약간의 돈을 더 지불하면 얼마든지 더 좋은 완제품을 구입할 수 있다. 하지만 손수 조립하면서 그 제품과 친밀한 감정을 갖게 된 것뿐인데 만족감은 상당했다. 이러한 현상을 '이케아 효과 IKEA effect'라 한다.

이케아 효과란 당사자의 노력이 들어간 경우 제품에 대한 애착이 더 커지는 현상을 말한다. 단순히 포장을 뜯어서 데우기만 하면 되는 인스턴트식품보다는 수고스럽지만 직접 요리한 음식이 더욱 뿌듯하고 맛있는 것처럼 말이다. 동양인 정서에 맞지 않는다는 'DIY'가 역설적으로 이케아의 가장 큰 장점인 것이다.

이케아의 성공전략은 '반대로 가기'다. 그것도 '불편함' 같은 부정적인 측면을 더 강조한다. 과잉만족 속에서도 불만을 토로하는 현대 소비자들에게, 불편함을 들이밀어서 오히려 관심을 자극하는 것이다. 모순된 가치를 제안하면서도 그것을 조화시키려는 노하우가 이케아만의 차별화 전략이다. 길고 마른 몸매만을 아름답다 여기는 오늘날에 일부러 뚱뚱한 이들을 그림으로써 사랑받는 보테로 식 차별화 전략과도 일맥상통하지 않는가.

# 자신을
## 뛰어넘어라

피카소는 역사상 어느 미술가보다도 부유하고 행복한 삶을 살았다. 그가 살았을 당시 재산이 얼마나 되었는지 정확히 계산하기 어려울 정도였다. 2차 대전이 끝난 직후 피카소는 프랑스 남부에 집을 샀는데, 대금은 정물화 한 점이었다. 이 일화가 상징적으로 보여주듯이, 사실상 피카소는 돈의 필요성을 초월한 인물이었다. 갖고 싶은 것이 있으면 무엇이든 그림 한 점만 그리면 해결되었다. 피카소는 스물여덟 살 때부터 돈 걱정을 할 필요가 없었고, 서른여덟 살엔 이미 부자의 대열에 합류했다고 한다. 노년에는 백만장자로 살았다.

## 안주하는 삶에서는 명작이 나오지 않는다

물론 피카소에게는 백만장자가 되기에 충분한 재능이 있었다. 그는 말보다 그림을 먼저 배웠고, 열 살 때 석고상을 보고 그린 그림은 미술교사인 아버지를 넘어섰다. 열네 살도 안 된 아들의 솜씨가 자신을 능가하자 아버지는 팔레트와 붓을 물려주고, 다시는 그림을 그리지 않겠다고 맹세했다. 피카소는 열네 살이 되자 바르셀로나 미술학교 상급반 입학시험을 쳤다. 필요한 그림을 완성하는 데 보통 한 달 여유를 주는데, 피카소는 하루 만에 마쳤다고 한다. 열여섯 살 때 왕립 아카데미에 장학생으로 입학하여, 더 이상 치를 시험이 없게 되었다. 천재 중의 천재가 아닐 수 없다.

그러나 아무리 재능이 뛰어나도 후천적인 노력이 더해지지 않으면 무용지물인 법. 피카소는 파리로 가야겠다고 결심한다. 스페인에서는 직업적 장래성이 보장되지 않음을 알았기 때문이다. 그의 나이 겨우 열아홉 살이었다.

파리에 도착한 피카소는 가난과 외로움, 정신착란이 뒤섞인 비참한 삶에 직면한다. 여기에 친구 카사헤마스의 자살은 피카소를 더욱 우울하게 만든다. 피카소의 말은 당시 심정을 짐작게 한다. "나는 카사헤마스가 죽었다는 사실을 의식했을 때 청색으로 그리기 시작했다."

청색 시대에 그린 〈자화상〉을 보면 창백하고 제대로 먹지 못해 푹 꺼진 볼에 초췌함이 역력하다. 청색은 슬픔에 잠긴 피카소의 애통한 마음과 고통을 표현하는 색이었다. 피카소는 이후 4년 넘게 점점 더 청색이 지배하는 그림을 그렸다.

그러나 만일 피카소가 내면적 갈등을 극복하지 못하고 외로움과 고통, 우울감에만 빠져 있었다면 그의 우월적 천재성이 발휘될 수 있었을까? 피카소는 자신이 누구이고, 무엇을 해야 하는지 명확하게 인지하고 있었고, 이는 무엇보다 절대적이었다. 그는 모든 미술에 다음과 같은 우선순위를 부여했다.

"중요한 것은 미술가가 무엇을 하는지가 아니라, 그가 어떤 사람인가다. 만일 폴 세잔이 자크 에밀 블랑슈[20]처럼 살고 생각했다면, 그가 그린 사과가 10배나 더 아름다웠다고 해도 관심 없었을 것이다. 우리의 관심을 끄는 것은 세잔의 불안이다. 그것이 세잔의 교훈이다. 고흐의 고통, 그것이 그 인간의 참된 드라마다. 나머지는 껍데기다."[21]


## 살인자 카라바조가 탄생시킨 '테네브리즘'

예술사에는 피카소보다 강렬한 삶을 살아간 이들이 적지 않다. 세속적인 보상을 받지 못하고 삶을 마친 이들의 생애는 처절하다 못해 애처롭기까지 하다. 그중 한 명인 카라바조Michelangelo da Caravaggio는 한창 예술혼을 꽃피울 나이인 39세에 세상을 떠났고, 그나마 도박과 술, 결투와 투옥, 살인과 도피로 이어지는 파란만장한 여정을 보냈다. 화가로서의 경력은 고작 16년, 그럼에도 그의 작품은 바로크 미술을 대표한다.

카라바조는 1571년 이탈리아 북부 베르가모 지방의 카라바조에서 태어났다. 고향인 카라바조는 훗날 그의 이름이 되었다. 직공장이었던 아버지는 1577년 창궐했던 흑사병으로 사망했다. 게다가 당시는 종교개혁을 둘러싼 전쟁이 빈번했고 죽음과 폭력이 당연시되었다. 일찍이 부모를 여읜 데다 전쟁을 겪으면서 카라바조는 지극히 불행한 어린 시절을 보냈다. 이 모든 것은 마치 그가 얼마나 수난과 폭력, 불행으로 가득 찬 삶을 살게 될지 암시하는 듯하다.

그 때문인지 몰라도 카라바조는 난폭한 인간으로 자랐다. 툭하면 술에 취해 사람들에게 싸움을 걸고 감정을 상하게 하기 일쑤였으며 연루된 소송만도 수십 건이 넘었다. 감옥을 자기 집 드나들 듯 자주 들락거렸다.

그러던 1606년 5월 28일, 카라바조가 짧은 여생을 도망자로 살아야 하는 일이 벌어진다. 카라바조는 내기를 좋아했는데, 이날에도 어김없이 테니스 경기로 내기를 벌였다. 상대는 로마의 유명한 포주 토마소니였는데, 카라바조는 이 내기에서 반드시 이겨야 했다. 토마소니의 아내와 정분을 나눈 사이였기 때문이다. 승부욕이 강한 카라바조로서는 도박 자체도 중요했지만 남자 대 남자로서 자존심이 걸린 민감한 내기에 질 수 없었다.

팽팽한 긴장감 속에 내기가 한창 벌어지는데 토마소니가 잔머리를 써서 반칙하다가 그만 카라바조에게 딱 걸리고 말았다. 화가 치민 카라바조는 넘어서는 안 될 선을 넘어버렸다. 그가 상대의 배에서 피 묻은 단도를 뽑는 순간, 상대는 정신을 잃고 바닥에 쓰러졌다. 사소한 내기에서 시작된 다툼은 상대를 죽음으로 몰고 갔고, 결국 카라바조는 살인자가 되었다.

도망자 신세가 된 카라바조에 대한 지명수배령이 로마 전역에 떨어졌다. 로마에서 지낼 수 없게 된 그는 이곳저곳 떠돌기 시작했다. 나폴리, 시실리, 말타 등지를 돌아다니며 신발도 벗지 않고 항상 단검을 품은 채 잠을 청해야 했다. 쪽잠조차 편하게 들 수 없는 불안감, 하지만 이런 최악의 상황에서도 그는 그림 그리기를 멈추지 않았다.

〈마리아의 죽음〉, 〈세례요한의 목을 친 살로메〉, 〈일곱 가지 은사〉 등의 작품은 살인한 손이 그렸다는 것이 믿기지 않을 만큼 훌륭하고 아름답다. 내면에는 위험한 폭력성이 잠재돼 있지만 마음은 무척 여린 사람이었다는 생각이 들 정도다.

다음 페이지의 그림은 교황청의 재무장관이었던 은행가 옥타비오 코스타의 주문으로 제작된 〈유디트와 홀로페르네스〉로, 실물 크기로 그려졌다. 이 그림에서 카라바조는 아름다운 여인이 적장의 목을 내리친다는 주제를 연극의 한 장면처럼 표현했다. 그림의 주제는 가톨릭교회의 구약성서 '유디트'에 나오는 이야기다. 유디트는 므나

유디트와 홀로페르네스, 카라바조, 1599년, 캔버스에 유채,
145×195cm, 로마 국립 고전회화관

쎄의 미망인으로, 부유하고 아름다우며 정숙한 인물이었다. 앗시리아의 느부갓네살 군대로부터 예루살렘을 구해내고, 적장 홀로페르네스 장군을 죽이는 용기와 지혜를 보여준 여인이기도 하다.[22]

그러나 카라바조는 유디트를 영웅적인 인물로 묘사하지 않았다. 뿜어 나오는 피를 보고 미간을 찌푸리며 두려워 피하고 싶어 하는 인간적인 모습으로 그렸다. 그녀에게서 당당하고 용맹스런 모습은 찾아볼 수 없다. 평범한 아낙네의 현실적 갈등을 그대로 보여주고 있다. 여기에 근육질의 홀로페르네스와 연약한 몸매의 유디트를 대비시킴으로서 강함과 약함, 남과 여의 대립을 더욱 강조했다.

카라바조 작품에는 공통점이 있다. 그의 그림은 대부분 어둠에 묻혀 있다. 명암의 대조를 확장시켜 장면의 긴박한 상황을 더욱 극적으로 표현한다. 그의 작품이 어두운 데에는 어릴 때부터 겪었던 수난, 고통, 번뇌와 폭력 등 당시의 시대적 환경이 고스란히 반영되어 있다. 특히 살인자가 된 그의 비극적 인생이 검정색으로 대변된다. 흥미로운 사실은 그의 이런 파란만장한 삶이 극명한 명암대비를 특징으로 하는 '테네브리즘Tenebism'이라는 화풍을 탄생시켜 그를 바로크 시대의 거장으로 만들었다는 것이다. 참으로 사람의 일이란 모를 일이다.

도망자 처지에 그림을 그리기란 쉽지 않았다. 그의 기력은 하루하루 눈에 띄게 떨어졌다. 그러던 중 카라바조에게 마지막 기회가 주어졌다. 사면 요청을 하면 수락 가능성이 있다는 것이었다. 그는 만사

제쳐놓고 사면받기 위해 상소문을 들고 로마행 배에 올랐다. 하지만 그 후 누구도 카라바조를 만날 수 없었다. 그저 그가 포르트에르콜레 섬에서 열병으로 사망했다는 소문만 전해올 뿐이다.

17세기 초 바로크 시대를 뒤흔든 카라바조의 작품을 앞에 두고 고전주의 화가 푸생Nicolas Poussin은 이렇게 개탄했다. "카라바조는 회화를 파괴하려고 세상에 태어난 사람이다."

그도 그럴 것이, 카라바조는 고전주의의 법칙에 속박되기를 거부한 자연주의자로 유명하다. 그가 그린 인물들은 아프거나, 뚱뚱하거나, 수척하거나, 추하고 나약했다. 그가 흔히 접하는 길가의 행인이나 선술집 술꾼들의 삶을 그대로 표현한 것이다. 성스러운 그림을 그리더라도 숭고함이나 장엄함을 표현하지는 않았다. 이러한 괴팍함 때문에 고전주의자들의 공격을 받았지만, 귀족과 일반 대중들은 그의 솔직한 그림을 사랑했다. 살인자였던 그는 미술세계에서는 개혁가였던 것이다.


## 최후의 장애물은 나의 두려움이다

카라바조는 도망자 신세였음에도 한순간도 붓을 놓지 않았다. 자신의 처지가 비참할수록 더욱 그림에 집착하며 강렬한 작품을 남겼다. 그가 그렇게 그림에 매달린 이유는 뭘까? 아마도 구속되면 그림을 그릴 수 없기 때문 아니었을까? '오늘이 마지막 날인 것처럼 살라'라는 격언이 카라바조에게는 현실이었을 것이다. 그처럼 복잡한 심리상태가 새로운 화풍으로 재탄생했다니 놀라울 따름이다.

오늘을 살아가는 우리의 삶은 어떠한가? 피카소와 카라바조처럼 재능을 뛰어넘어, 현실을 뛰어넘어 강렬히 이루고자 하는 그 무엇이 있는가? 주변을 둘러보라. 쥐꼬리만 한 월급을 받기 위해 온갖 수난과 고통을 감내하고 있지는 않은지. 이러한 수난과 고통은 우리가 선택한 능동적 삶이 아니다. 최소한 먹고는 살아야 되니까, 가족에 대한 책임은 져야 하니까 어쩔 수 없이 택한 것이다. 그래서 조금만 뜻대로 되지 않으면 쉽게 지치고, 주변과 환경을 탓한다. 하루하루가 무의미해진다. '낙오되면 안 된다'는 두려움과 '어쩔 수 없다'는 체념이 우리의 삶을 무기력하게 만든다.

그럴 바에야, 한번 거꾸로 해보는 것은 어떤가?

당신에게 두려운 무엇이 있는가? 그렇다면 그것에 도전해보라. 두려움에 직면하는 삶이 당신이 진정으로 원하는 삶일지도 모른다. 두려움을 끄집어내어 그것을 현재의 삶에 대입시키자.

그러기 위해서는 선행되어야 할 것이 있다. 바로 과거의 당신을 버리는 것이다. 〈하버드 비즈니스 리뷰〉가 뽑은 세계 최고 CEO들의 면면을 살펴보면 흥미로운 점이 있다. 이들은 국적도 다르고 개인적 가치관과 스타일도 천차만별이다. 하지만 이들에게 공통점이 있다. 아마존의 CEO 제프 베조스를 통해 살펴보자.

1986년 프린스턴 대 컴퓨터공학과를 졸업한 제프 베조스는 8년간 월스트리트에서 근무하다가 1994년 대학 동문이자 동료였던 아내 맥킨지와 뉴욕을 떠나 시애틀로 이사했다. 그들은 차고에서 사업을 시작했다. 그와 몇몇 동료들은 도서 판매를 위한 웹사이트 개발에 매달렸고, 마침내 1995년 7월 아마존은 온라인 서점으로 첫발을 뗐다. 아마존은 오픈 첫 달부터 많은 고객을 끌어들였고 점차 CD, DVD, 컴퓨터 소프트웨어 등으로 제품 라인을 확장했다.

하지만 잘나가던 것도 잠시, 리먼브라더스는 아마존닷컴이 1년 안에 파산할 것이라는 보고서를 발표했다. 보고서 발표 후 아마존닷컴의 주가는 1주일 만에 19%나 급락했다. 게다가 뒤이은 2001년의 닷컴 버블 붕괴로 자금경색이 심화돼 한때 100달러였던 주가가 2002년에는 6달러로 추락할 정도의 위기를 맞게 된다. 결국 아마존닷컴은 2001년 직원 1300명을 해고한 후 사업다각화를 실시하게 되는데, 우리가 아는 종합쇼핑몰로서의 아마존닷컴이 바로 이때 탄생한 것이다. 그는 극한의 위기상황에서도 단기적 이익에 연연하지 않고 킨들 개발 등의 혁신을 이어감으로써 오늘날의 아마존 제국을 건설했다.

누군가 제프 베조스에게 '진정한 CEO'에 대해 물었다. 이에 그는 이렇게 대답했다. "CEO란 어렵고도 외로운 자리다. 과거의 자신을 온전히 버렸을 때 진정한 CEO가 된다."

앞서 말한 세계 최고 CEO들의 공통점이 바로 이것이다. 그들은 자신과의 싸움에서 이겨본 사람들이다. 이것의 가치는 타인과의 경쟁에서 승리하는 것과 질적으로 다르다는 것을 그들은 명확하게 인지한다.

지난 30여 년간 미국 애틀랜타 시를 갈아엎듯 재설계해 세계적인 첨단도시로 탈바꿈시키고 '애틀랜타의 아버지'라는 별칭을 얻은 포트만홀딩스의 존 포트만 회장도 자신과의 경쟁을 강조한다.

건축가로서 그는 단순히 빌딩의 디자인을 창조한 게 아니라 '장소의 창조'를 추구했다. 포트만 회장은 부패와 무기력, 실업의 도시였던 애틀랜타에 산업과 무역의 가교가 될 수 있는 컨벤션센터를 건립함으로써 세계적인 경제도시라는 이미지를 창조했을 뿐 아니라 고용창출에도 기여했다. 그는 도시 재설계라는 표현이 적합할 정도의 창조적 발상과 경제적 파급력을 건축디자인에 담아내고 있다.

건축가이자 부동산 개발자인 포트만 회장의 경쟁상대는 누구일까? 세계 부동산업계 거물에서 미국의 45대 대통령 자리에까지 오른 도널드 트럼프일까? 포트만 회장은 "나 자신만이 유일한 경쟁자"라고 말한다. 전보다 조금이라도 더 나은 작품을 만들겠다는 생각으로 어제의 자신과 경쟁한다는 것이다. "나의 최고 걸작은 다음에 나올 책"이라고 말하던 피터 드러커처럼, 포트만은 "과거가 아닌 미래가 나를 흥분시킨다"고 말하곤 한다.

어쩌면 '자신과의 싸움'은 최고의 자리에 오른 이들에게 주어진 마지막 선택지인지도 모른다. 2016년 미국 라스베이거스에서 열린 국제전자제품박람회CES에 참석한 삼성전자 윤부근 사장도 경쟁상대를 묻는 기자들의 질문에 비슷한 대답을 했다. "경쟁이라고 하기보다 이제는 자신과의 싸움이 더 중요하다"는 것이다. 10년간 세계 TV시장 1위를 달리는 등 독보적 위치에 올라선 만큼 앞으로는 자기혁신이 가장 중요하다는 의미다.

《장자》추수편에는 나의 마음을 완전히 소멸시킨 리더의 모습을 가리켜 '대인무기大人無己'라 했다. 리더大人는 나를 버려야無己 한다. 정말 위대한 사람은 자신의 집착에서 벗어난 사람이라는 뜻이다. 나를 어떻게 버리는가? 공간을 버리고, 시간을 버리고, 지식을 버려야 한다고 했다. 우물 안 개구리는 우물에 갇혀 있기 때문에 바다를 알 수 없고, 여름벌레는 시간에 구속돼 있기에 겨울 얼음을 알 수 없고, 선비는 자신의 학문에 갇혀 있기 때문에 진정한 도를 말할 수 없다는 것이다. 공간, 시간, 지식은 우리의 마음을 붙잡는 대표적인 것들이다. 고만고만한 공간에서 찰나를 살면서 자기 생각만 옳다고 주장하는 행태에서 장자는 자유를 잃어버린 모습을 보았다.

그러니 우리가 가지고 있는 집착과 편견, 편안함을 과감히 벗어던지자. 그리고 두려움에 도전하자. 억만장자이면서 끊임없이 도전을 즐겼던 스티브 포셋은 이렇게 말했다. "내가 두려움에 도전하는 이유는 내 안에 감추어진 금맥을 찾아 캐내기 위해서다."

누구에게나 감춰진 금맥과 금광이 있다. 이것은 두려운 일에 과감히 도전했을 때 캐낼 수 있다. 캐내지 않으면 노다지를 얻을 수 없듯이, 도전하지 않으면 성취할 수도 발전할 수도 없다.

4장

**인간의
매력과
한계를
포용한다**

"인간이
추구해야 할 것은
돈이 아니다.
인간이
추구해야 할 것은
언제나 인간이다."

—푸시킨

# 모든 것은
## 인간에 관한 것이다

고대 그리스부터 오늘날까지 예술세
계의 영원불멸한 주제는 무엇일까? 바로 '인간' 그 자체가 아닐까?
동서고금을 막론하고 세상 모든 화가들은 인간 그 자체에 집중했다.
시대가 변함에 따라 인간을 표현하는 방식만 달랐을 뿐 근본은 변함
이 없다.

인류는 태곳적부터 머릿속의 생각을 그림으로 나타냈다. 이러한
특성에 주목해 '호모 이마고'라 일컫기도 한다. '이미지를 생각하는
인간'이란 이 말의 뜻처럼, 인류는 고대 동굴벽화부터 현대 디지털
예술에 이르기까지 다양한 인간의 아름다움을 표현해왔다.

인간의 몸은 그 자체가 예술이 아닐 수 없다. 젖살이 통통하게 오

른 아기의 몸은 말할 것도 없이 예쁘고, 건강하고 탄탄한 여인의 몸은 아름답다 못해 위엄까지 느껴진다. 그래서 서양미술의 역사에는 인체의 아름다움을 담아낸 그림이 셀 수 없이 많다.

## 〈사비니 여인들의 중재〉에서 가장 눈길을 끄는 것

인체의 아름다움을 드러낸 인류 최초의 남녀는 누구일까? 구약성서에 기록된 인류 최초의 남녀는 아담과 이브다. 다음의 작품은 아담과 이브가 사탄의 유혹에 넘어가 선악과를 따먹음으로서 원죄原罪를 짓게 되는 이야기를 바탕으로 제작되었다. 이브가 사탄을 상징하는 뱀으로부터 선악과를 받아 아담에게 건네주고 있다. 이 작품에서 아담과 이브는 죄인이라기보다는 이상적인 인체를 지닌 아름다운 모습으로 묘사되고 있다. 원죄보다도 인간의 아름다움이 더 중요하다는 듯이.

'독일 미술계의 아버지'로 불리는 알브레히트 뒤러는 이탈리아 르네상스의 영향을 받아 가장 이상적인 인체를 탐구하는 데 매료됐으며, 수학적 측정으로 최고의 비례를 정형화할 수 있다고 생각했다. 이 판화는 그가 4년간의 탐구 끝에 얻어낸 가장 아름다운 인체 비례를 아담과 이브에게 적용한 것이다.

아담과 이브, 알브레히트 뒤러, 1504년, 판화, 25×19cm,
르 베르죄르 미술관

거울속의 비너스, 디에고 벨라스케스, 1647~1651년,
캔버스에 유채, 122×177cm, 런던 내셔널 갤러리

17세기 스페인 궁정화가였던 디에고 벨라스케스도 여신인 비너스의 아름다움을 표현했다. 왼쪽의 〈거울속의 비너스〉는 벨라스케스가 그린 네 점의 누드화 가운데 유일하게 남아 있는 작품이다.

스페인 종교재판소는 누드화를 허용하지 않았기에 여성의 누드를 다룬 스페인 화가의 작품은 매우 드물다. 그럼에도 왕실화가였던 벨라스케스는 왜 신화 속 주인공을, 그것도 누드로 그렸을까? 이 그림을 그린 시기는 서양문화가 화려하게 꽃피웠던 르네상스 후반기였다. 당시는 고대 로마의 찬란한 유산을 바탕으로 르네상스 문화를 이끌었던 이탈리아의 앞선 기술과 문화를 배우기 위해 유학을 가는 화가들이 많았다. 벨라스케스 역시 왕실의 허락을 받고 더 좋은 그림을 그리기 위해 이탈리아에 2년가량 머물면서 조르조네Giorgio Barbarelli da Castelfranco, 티치아노Tiziano Vecellio와 같은 화가들의 누드 작품에 영향받아 새로운 영역의 그림에 도전했다.

〈거울속의 비너스〉는 바로 그 시기에 그린 작품이다. 그런데 벨라스케스의 비너스는 기존의 비너스와는 느낌이 사뭇 다르다. 그동안 여신의 몸은 대개 넉넉하고 풍만한 모습으로 등장했던 데 반해, 벨라스케스의 그림에는 관능미가 넘쳐난다. 아름다움의 기준이 조금씩 바뀌기 시작했던 것이다.

인간의 아름다움에 대한 화가의 집착은 때와 장소, 사건과 사고를 불문한다. 다음의 그림은 앵그르의 스승이자 신고전주의의 대표 화가로 꼽히는 자크 루이 다비드Jacques-Louis David가 그린 〈사비니 여인 들의 중재〉다. 작품의 배경은 고대 로마가 건국될 당시로 거슬러 올라간다. 로마를 세운 로물루스는 도시에 여자가 적어서 인구가 늘지 않자 이웃 도시 사비니를 침략해 여인들을 납치해서 아내로 삼으라고 명령한다. 분노한 사비니인들은 빼앗긴 여동생과 딸을 되찾기 위해 군대를 결성해 로마를 공격한다.

그러나 이미 로마인의 아내가 되어 자식까지 낳은 사비니 여인들은 어느 쪽도 다치기를 원치 않았으며 서로 싸우지 말 것을 애원한다. 그림에는 서로에게 창과 칼을 겨누고 있는 두 사람 사이에 용감하게 서서 두 팔을 벌리고 저지하는 한 여인이 있는데, 바로 로물루스의 아내가 된 헤르실리아다. 그녀는 아버지와 남편에게 여기 있는 모든 사람들의 아내이자 어머니이기도 한 여인들을 데려가서는 안 된다고 말하면서, 비록 원수일지언정 모두가 친족의 연을 맺게 된 상황을 호소하며 전쟁을 중단하고 평화를 영위할 것을 설득하고 있다. 다른 사비니 여인들도 그녀의 간곡한 설득에 동참해 전쟁터에 뛰어들고 있다. 아이들을 안은 채 병사들 사이에서 평화 수호를 외치고 있는 여인들을 보라.

이 긴박한 서사 외에도 그림에는 우리의 눈길을 사로잡는 요소가 또 하나 있다. 전사들의 전투복이 좀 이상하지 않은가? 전투복이라고 하기에는 입은 옷이 너무 없어 초라할 지경이다. 이는 신고전주의 미학이 표현된 것으로, 고대 그리스 조각에서 추구했던 이상적인 인

사비니 여인들의 중재, 자크 루이 다비드, 1799년,
캔버스에 유채, 385×522cm, 파리 루브르 박물관

간 육체의 아름다움을 재현한 것이다. 생사를 가로지르는 전쟁터를 묘사하면서도 화가는 인간 육체의 아름다움을 포기하지 못했던 것이다.

화가들은 왜 이처럼 인간에 대한 그림을 많이 그렸을까? 독일의 이상주의 철학을 완성한 헤겔은 다음의 두 가지 이유를 제시한다.

첫째, 예술활동은 자연의 단순한 모방이 아니라 인간의 정신적 행위에 의해 생겨난다는 것이다. 예술작품은 정신으로부터 유래한 것으로서 정신의 기반에 속해 있으며, 오로지 정신의 울림에 따라 형성된 것만을 표현해야 예술이라 할 수 있다.

둘째, 예술작품은 본질적으로 인간을 위해 만들어지며, 그것도 인간의 감각을 위해 다분히 감각적인 것에서 취해진다는 것이다. 예술은 오로지 인간의 감각에서 발생하고 그 감각이 정신적인 세례를 받아 예술작품으로 승화된다. 즉 어떤 사건이나 개인의 성격, 행위들이 뒤얽혀 일어날 때 나오는 인간의 감각적인 가치가 예술작품 속에 포착된다. 그러므로 자연적인 산물보다 인간의 감각적이고 정신적 사례를 받은 결과물이 더 우월하다는 것이다.[23]

역시나 헤겔의 이론적 정신을 이해하기는 쉽지 않다. 내 생각을 단순하게 말하자면, 세상에서 가장 아름다운 존재가 인간이기 때문이라고 답하고 싶다. 헤겔이 말하고자 했던 것도 결국 이것 아니었을까?

## 인간을 인간답게, 리더는 리더답게

미술사에서 인간의 아름다움을 강조하듯, 진정한 리더도 인간의 본질을 강조한다. 《삼국지》 선주전先主傳을 보면 삼국시대 촉한의 초대 황제가 된 유비의 인간존중 사상을 엿볼 수 있다.

형주가 조조에게 항복하자 유비는 피난길에 올랐고, 관우는 따로 배 수백 척을 타고 강릉에서 유비 일행과 합류하기로 했다. 그러자 형주의 백성들이 유비를 따라나서, 일행이 당양當陽에 도착했을 당시 무리가 10만에 이르고 짐수레도 수천 량兩이나 되어 하루에 10여 리밖에 가지 못할 지경이었다. 그러자 부하장수 중 한 명이 유비에게 이렇게 간언했다.

"신속히 행군해 강릉을 지켜야 합니다. 지금 따르는 무리는 많으나 갑옷 입은 자는 적으니, 만약 조조의 군사가 도착한다면 이를 어찌 막으려 하십니까?"

이 제안은 부하장수 입장에서 당연히 할 수 있는 것이며, 군사전략상 틀린 말도 아니다. 한시바삐 후퇴해야 하는 상황에서 끊임없이 백성들이 대열에 합류해 조직이 비대해졌으니, 유비에게 수레와 백성을 버려두고 빨리 후퇴하자고 건의하는 것은 당연한 이치였다. 이 제안에 유비는 명언을 남긴다.

"무릇 큰일을 이룰 때에는 마땅히 사람을 근본으로 삼는 법이오. 지금 사람들이 내게 의지하는데 어찌 차마 버리고 떠나겠소夫濟大事必

191

以人爲本, 今人歸吾, 吾何忍棄去!"

이 좋은 기회를 전략가 조조가 가만 놔둘 리 없다. 조조는 유비가 남쪽으로 향하고 있다는 사실을 알고 5000명의 예기병을 소집해 추격했다. 밤낮으로 300여 리를 달린 끝에 당양의 장판파에서 마침내 유비를 따라잡았고, 양군이 격전을 벌였다. 결과는 어떻게 되었을까? 예상대로 비대해진 조직을 제대로 이끌 수 없었던 유비는 대패하고 수십 명의 기병만 거느린 채 탈출했다. 조조의 완벽한 승리였다.[24]

숱한 위기를 지혜롭게 넘겼던 유비가 이런 결과를 예상하지 못했을까? 유비는 분명히 알고 있었을 것이다. 그러나 유비는 위험을 당하는 한이 있어도 백성을 버리지 않는 모습을 보임으로써 자신이 인의를 중시하고 백성을 보호하는 사람임을 입증했다.

유비가 백성을 버리고 혼자 살길을 도모했다 해도 조조를 물리쳤으리라 장담하기는 쉽지 않다. 불확실한 승리와 확실한 패배의 가능성을 두고, 유비는 확실한 패배의 길을 택했다. 백성을 위해서라면 개인의 안위 정도는 신경 쓰지 않는 인본주의人本主義를 지키기 위해서다. 이런 행동으로 유비는 향후 백성들의 신뢰와 정치적 자본을 쌓을 수 있었다.

응당 리더라면 유비처럼 판단하고 행동해야 한다. 패하더라도 수준 있게 패해야 한다. 패배 앞에 리더로서 위엄을 잃지 않은 장수로 빼놓을 수 없는 또 한 사람이 있다.

"나를 따르라!"

1822년 모스크바 전투에서 나폴레옹이 병사들의 대열 맨 앞에서 군사를 이끌고 적의 총탄에 맞서며 외쳤던 말이다. 이 전투에서 프랑스군은 3만 5000명의 병사와 49명의 장군을 포함한 1900여 명의 장교를 잃었다. 괴롭고 치욕스런 패배였지만 대군 앞에서 진두지휘하는 나폴레옹의 이상적인 군인정신을 엿볼 수 있다.

이 비장한 외침이 유행어가 된 적이 있다. 오래전 개그 프로그램의 콩트 중에 상사가 "나를 따르라!"라고 말하면 심형래가 "저게 좋겠다"라면서 되레 엉뚱한 행동을 하곤 했다. 이런 상황이 비단 개그에서만 일어날까? 이 표현을 조직 구성원들에 던져보라. "네, 알겠습니다"라며 선선히 따를까?

극심한 구직난 속에서도 회사를 떠나는 이들이 있다. 그들이 회사를 왜 떠난다고 생각하는가? 떠나는 직원들은 이렇게 말한다. "회사를 떠나는 것이 아니라 상사를 떠난다"라고. 실제 갤럽에서 2500개 기업의 구성원 10만 명을 대상으로 조사한 결과 이직 요인으로 상사가 회사보다 더 중요하게 작용하는 것으로 나타났다. 조직의 경쟁력을 강화하는 데 리더와 직원과의 관계가 회사의 그 어떤 것보다 중요하다는 뜻이다.

그렇다면 리더는 직원을 어떻게 대해야 할까? 다음의 두 가지를 실천해보기 바란다.

첫째, 구성원을 손님 대하듯 하라. 〈포춘〉 선정 500대 기업에 단골로 꼽히는 기업으로 월마트를 빼놓을 수 없다. 2014년 기준으로 매출 4840억 달러에 구성원 수 220만 명에 달하는 거대 공룡기업이다. 직원 수가 많다 보면 개개인의 공헌도가 떨어질 수 있다. 이를 방지하고 구성원들에게 주인의식을 심어주기 위해 월마트는 본사 로비에 특별한 전광판을 설치했다. 그 전광판에는 월마트의 주가가 실시간 표시된다. 우리가 주목할 부분은 그 아래에 적힌 문구다.

"내일 우리 회사의 주가는 여러분 손에 달렸습니다Tomorrow depends on you!"

구성원들의 주인의식을 가장 직접적으로 일깨우는 문구가 아닐 수 없다. 경영자들은 한결같이 구성원들에게 주인의식을 가지라고 부르짖는다. 주인의식이 곧 생산성으로 직결되기 때문이다. 단, 이를 위해서는 리더가 해야 할 일이 있다. 구성원을 손님 대하듯 하는 것이다. 그런데 실상은 어떠한가? 손님은 당연히 '갑'이라고 생각하지만 구성원들도 '갑'으로 생각하는가? 월마트는 구성원을 갑으로 대하기 위해 수많은 제도와 상징물을 도입했다. 리더의 진정성 있는 마음과 행동을 구성원들이 인지한다면 당장 죽더라도 유비와 나폴레옹의 대열처럼 리더를 따르지 않겠는가?

둘째, 구성원을 육성시켜라. 많은 회사에서 젊은 직원들이 너무 쉽게 회사를 그만둔다고 불평하곤 한다. 실제로 〈월스트리트 저널〉에 따르면, 2016년 20~24세 직장인의 평균 근속기간은 16개월도 채 되지 않는다고 한다. 25~34세 직장인의 경우 3년 정도였는데, 이는 25세 이상 전체 직장인의 평균값인 5.5년보다 훨씬 짧다. 경영자 입장에서 잦은 이직은 기업 성장을 가로막는 중요한 장애물임에 분명하다. 그래서 많은 기업들이 젊은 구성원들의 이직을 방지하고자 고심하고 있다.

그런데 어떤 경영자들은 회사가 퇴사 방지에 지나치게 노력하는 걸 그만둬야 한다고 말한다. 대신 인재시장의 유동성을 현실로 받아들이고 구성원들과 함께하는 동안 그들의 역량을 최대한 활용하는 방안에 집중하라고 말한다. 마케팅 소프트웨어 회사 카포스트가 그런 회사다. CEO인 토비 머독은 젊은 직원들이 새 보금자리를 찾아 옮기는 것이 자연스러운 현상이라 여기고, 가급적 이들이 카포스트에서 시간만 때우는 것이 아니라 경력개발을 충분히 할 수 있기를 희망한다. 리더의 이런 태도 덕분에 카포스트는 '경력의 도약대' 라는 명성을 얻게 되었으며, 야심찬 젊은 인재들을 더 많이 끌어들일 수 있었다.

투자 리서치 회사인 코그노링크 역시 "우리 목표는 구성원들의 경력이 너무 근사해져서 다른 회사가 우리 구성원들을 헤드헌팅 해가는 것"이라며 젊은 인재들의 경력을 강화시켜 준다는 점을 강점으로 내세우고 있다.

다음 세 사람의 공통점은 무얼까? GE의 CEO인 제프리 이멜트, 마이크로소프트의 CEO였던 스티브 발머, 휴렛패커드 엔터프라이즈 CEO인 맥 휘트먼. 바로 첫 직장이 다국적 기업인 P&G였다는 점이다. 과연 세계 최고의 인재사관학교다운 면모다. P&G의 앨런 래플리 회장 또한 회사의 지속적 성장의 비결로 독특한 인재육성 방식을 꼽는다. P&G의 우수인재 육성 시스템은 인재를 중시하는 문화에서 비롯되었다. 이들은 설립 초기부터 유능한 사람들을 채용해 공정하게 대우하고 개인에게 자신의 아이디어를 실천할 수 있는 기회를 부여해 미래를 설계하도록 돕는 문화를 정착시켰다.

직원을 육성하는 것은 단순히 교육예산을 많이 책정해서 받고 싶은 교육을 마음껏 시켜주는 것이 아니다. P&G는 연 100만 명이 넘는 지원자들 중에서 상위 1% 이내를 뽑아 체계적인 인재육성 프로그램에 투입시킨다. 신입사원은 1년 동안 다면평가를 받고, 이를 바탕으로 회사는 개인의 역량과 특성에 맞는 직무를 경험하게 하고 리더십 역량개발 계획까지 세운다.[25] 이처럼 구성원을 소모품 또는 '을'이 아닌 인격과 개성을 가진 인재로 존중하는 인간존중경영은 P&G를 인재사관학교로 만든 초석이 되었다.

# 인간의
# 비합리성을
# 이해하라

　　남자들 앞에 실오라기 하나 걸치지 않은 알몸의 여인
이 서 있다. 바로 옆에는 한 남자가 그녀의 몸에서 막 벗겨낸 푸른 베
일을 들고 있다. 그녀를 둘러싼 남자들은 이미 정신을 빼앗긴 상태
다. 눈을 감은 남자는 어디에도 없다. 어떤 남자는 벌떡 일어나 '오
마이 갓'이라는 감탄사를 외치는 것 같다. 남자들의 욕망 어린 눈빛
과 경탄의 시선을 피하고 싶은지 여자는 고개를 돌리고 팔을 들어 얼
굴을 가리고 있다. 그러나 그럴수록 여자의 몸은 더욱 노골적으로 드
러난다. 지금 여자는 그 유명한 '콘트라포스토contraposto' 자세를 취
하고 있다. 사람이 서서 한쪽 다리에 체중을 싣는 자세로, 비너스를
비롯해 아름다운 여체를 묘사한 서양의 조각이나 그림의 주인공은

여지없이 이 자세를 하고 있다. 머리와 가슴은 반대방향을 향하고, 허리를 비틀고 골반은 앞으로 향하게 하여 몸의 곡선을 강조하고 엉덩이를 더욱 풍만하게 보이게 하는, 서 있는 당사자로서는 많이 불편한 자세다.

## 사형수에게 무죄가 언도된 이유

그녀의 몸은 뭐라 할 수 없이 완벽한 아름다움 그 자체다. 어두운 배경의 남자들 속에 백옥처럼 빛나는 그녀의 몸은 미의 여신 아프로디테의 현신現身처럼 아름답고 고혹적이다.

그런데 잠시 감상을 멈추고 생각해보자. 이 아름다운 여자는 남자들만 있는 곳에서 옷도 빼앗긴 채 왜 이런 곤욕을 치르고 있는 것일까?

이 작품은 19세기 프랑스의 살롱 화가이자 조각가인 장 레옹 제롬 Jean-Léon Gérôme이 1861년에 그린 〈배심원들 앞의 프리네〉다. 제롬은 신고전주의 양식의 조각적인 구상회화를 발전시켰으며 신화나 성서, 역사적인 주제를 주로 다루었다. 프랑스 최고 영예인 레지옹 도뇌르 훈장을 수상했고 프로이센의 빌헬름1세로부터 붉은 독수리 훈장을 받는 등 영예롭고 부유한 삶을 살았다.

이 작품 속의 프리네는 기원전 4세기경 아테네에 살았던 헤타이라

198

배심원들 앞의 프리네, 장 레옹 제롬, 1861년, 캔버스에 유채,
80×128cm, 상트페테르부르크 허미티지 미술관

hetaira 여성이었다. 아테네 여자들은 결혼하면 사람들 앞에 나설 수 없었기에 사교 모임에 안주인 역할을 해줄 사람이 필요했다. 그런 여성들을 '헤타이라'라고 불렀는데, 첫 번째 조건으로 뛰어난 미모와 몸매가 뒷받침되어야 했다. 예법과 교양에 밝은 이들은, 한편으로는 남자들의 성적 욕구를 충족시키는 역할도 해야 했다.

그중에서도 프리네는 당시 아테네 남자들의 동경의 대상이었다. 하지만 그녀는 남자의 돈과 권력이 아무리 막강해도 자신이 원하지 않으면 결코 마음을 주지 않았다. 그런 성격이 결국 화를 부르고 말았다. 포세이돈을 기리는 제례에서 그녀가 아프로디테의 모델이 된 것이 죄가 되었다. 그녀에게 마음을 빼앗겼지만 결코 그녀를 소유할 수 없었던 에우티아스는 프리네에게 신성모독죄라는 누명을 씌운다.26 한낱 창부가 어떻게 고귀한 여신을 표방한단 말인가? 이것이 죄목이었다.

법정의 분위기는 '사형'으로 흘렀다. 그러자 그녀의 옛 애인이자 웅변가인 히페리데스가 무죄를 주장하며 그녀의 옷을 찢었다. 배심원 앞에 선 프리네는 얼마나 아름다운가? 이 아름다움을 감히 처벌할 수 있는가? 말도 안 되는 논리라 여기겠지만 이 전략은 통했다. "저 아름다움은 신의 의지다. 신의 의지에 감히 인간의 법을 적용할 수 없다." 결국 배심원들은 그녀에게 무죄를 선언했다. 고대 그리스인들은 아름다움은 곧 신神이며 또한 선善이라고 믿었기 때문에, 그녀를 용서하는 것은 신의 의지로 선을 실천하는 것이라고 여겼다. 아름다움이 인간의 합리적 사고마저 가려버린 사건이었다.

다음 페이지의 작품을 보라. 어두운 방 안에서 한 남자가 책상에 엎드려 잠들어 있다. 그런데 그가 깊은 잠에 빠져드는 순간, 악몽이 시작된다. 끝을 알 수 없는 어둠으로부터 섬뜩한 동물들이 스멀스멀 기어나와 잠든 이를 에워싸듯 책상 주변으로 몰려들고 있다. 박쥐들이 날아오고, 그 아래로 날개를 편 부엉이들이 잠든 남자의 등을 둘러싸고 그의 머리를 넘보고 있다. 발치에는 어둠 속에 눈을 부릅뜬 살쾡이 한 마리가 가만히 엎드려 지켜보고 있다. 남자는 전혀 눈치 채지 못하는 것 같다. 지금 무슨 일이 일어나고 있는 걸까? 책상에 적혀 있는 글귀가 모든 것을 설명해준다. "이성의 잠은 괴물을 낳는다." 18세기 말, 스페인 최고의 왕실화가였던 프란시스코 고야의 작품이다.

책상에 엎드린 주인공은 바로 고야 자신이다. 고야는 이 작품을 통해 이성의 힘이 약해지면 합리적인 판단에 억눌려 있던 사악한 본능과 통제 불능의 감정, 어리석은 미신 같은 어두운 기운이 인간을 장악하게 된다고 경고한다. 하지만 그렇다고 해서 고야가 이성의 힘을 절대적으로 신봉했다거나 감성을 무조건 경시했던 것은 아니다. 그는 이 작품에 부치는 글에서 "이성이 저버린 상상력은 끔찍한 괴물을 만들어내지만, 상상력과 이성이 결합하면 예술의 모체가 되고, 그 모든 경이의 원천이 된다"고 했다. 즉 고야는 균형 잡힌 판단력과 상상력 사이에서 탄생하는 예술을 추구했던 것이다.

이성의 잠은 괴물을 낳는다, 프란시스코 데 고야, 1797~1798년,
21.6×15cm, 에칭과 아쿠아틴트, 판화집《로스 카프리초스》No.43

작품을 다시 자세히 살펴보자. 작품 왼쪽에 펜을 든 부엉이가 보인다. 전통적으로 부엉이는 어둠, 어리석음, 무지를 상징하기도 하지만, 동시에 지혜와 예술을 상징하는 동물이기도 했다. 대조되는 두 이미지를 상징하는 부엉이가 펜을 들고 예술을 하라고 재촉하는 모습은 꿈에 대한 고야의 생각을 보여주는 장치다.

당초 신성모독죄로 법정에 선 프리네는 사형을 언도받을 운명이었다. 하지만 그녀의 몸을 본 배심원들은 무죄를 선언한다. 합리적 판단을 해야 했던 배심원들이 그녀의 아름다움에 홀려 비합리적 판단을 내린 것이다. 고야의 그림이 던지는 경고는 바로 이런 상황을 염두에 둔 것이다. 인간의 합리적 이성의 힘이 약해지고 통제 불능의 감정 같은 어두운 기운이 그들을 장악한 것 아닌가. 나아가 부엉이가 펜을 들고 예술을 하라고 재촉하는 것에서 보듯, 균형 잡힌 판단을 내리기 위해서는 인간의 비합리적 영역에도 관심을 두어야 한다는 뜻으로 확장할 수 있다.

18세기는 신고전주의 예술이 주류로 부상하고 사회 전반에 이성이 중시된 계몽의 시대였다. 인간정신의 고결함과 도덕적인 교훈, 고전적 영웅들의 업적을 그렸던 신고전주의는 합리적 판단과 이성적 절제를 통해 이상적인 사회를 이룰 수 있다는 믿음을 그림에 표출했다. 하지만 세기말로 접어들면서 인간의 합리성과 이성만 가지고는 인간사를 다 설명할 수도, 이해할 수도 없다는 것이 확연해지기 시작했다. 이에 미술가들은 이전 세대의 신고전주의가 애써 무시하고 억

눌러왔던 인간의 복잡다단한 감정과 비합리적인 행동, 무의식적 충동에 몰두하기 시작했다. 낭만주의 시대가 시작된 것이다.


## 어느 돈은 공돈, 어느 돈은 피 같은 돈?

어느 날 화학자, 물리학자 그리고 경제학자 3명이 무인도에 표류하게 되었다. 먹을 것 하나 없는 그들 앞에 파도를 타고 캔 수프 하나가 떠내려 왔다. 이들 3명은 이 상황에 어떻게 반응할까?

캔 수프를 본 물리학자는 이렇게 말한다.

"어서 돌멩이로 내리쳐서 이 캔을 땁시다."

이 말을 들은 화학자는 "그렇게 하면 안 되지요. 불을 지펴서 캔을 가열하면 될 것을 힘들게 해결하려고 하시네요"라고 한다.

마지막으로 경제학자는 어떻게 했을까?

"음, 여기 캔 따개가 있다고 가정해봅시다…."

그날 밤 경제학자는 수프를 먹었다고 가정하고 잠을 자야 했다.

이것은 1970년 노벨경제학상을 받은 미국의 이론경제학자 폴 새뮤얼슨이 경제학의 특성을 단적으로 표현한 이야기다.[27]


다음의 문제를 풀어보라. 당신 앞에 놓인 A와 B 두 개의 항아리에는 흰 공과 검은 공이 섞여 있다. A항아리에는 10개의 공 중 검은 공이 하나 있고, B항아리에는 100개의 공 중 검은 공이 8개 들어 있다. 아무 항아리에서나 검은 공을 뽑으면 선물을 준다고 한다면 당신은 A와 B 중 어느 항아리를 선택하겠는가?

실제로 실험을 해보면 많은 사람들이 A보다는 B항아리에서 공을 뽑겠다고 응답한다. 확률로 따지자면 검은 공을 뽑을 확률이 B(100개 중 8개, 8%)보다 A(10개 중 1개, 10%)가 더 높은데도 말이다.[28]

왜 이런 결과가 나타날까? 많은 사람들이 의사결정을 내릴 때 확률적 판단(8% vs 10%)이 아닌 감성적 판단(8개 vs 1개)을 하기 때문이다. 감성적 판단은 어려운 계산 없이 눈에 쉽게 띄는 자료에서 가장 빨리 나타난다. 위 사례에서 가장 먼저 눈에 띄는 것은 '검은 공'이다. 그래서 흰 공의 수보다는 검은 공의 수를 중심으로 판단하다 보니 검은 공이 1개밖에 없는 A항아리보다 검은 공이 8개 있는 B항아리에서 검은 공을 뽑기가 상대적으로 쉽다고 판단하는 것이다.

이처럼 비합리적인 인간의 행동패턴을 다루는 학문분야가 '행동경제학behavioral economics'이다. 본격적으로 행동경제학을 연구하기 시작한 사람은 1978년 노벨경제학상을 수상한 허버트 사이먼이었다. 그는 현실적 여건상 인간이 무제한적으로 합리성을 추구할 수는 없음을 지적하며 전통 경제학 이론에 반기를 들고 나섰다. 전통 경제학은 현실과 매우 동떨어진 가공의 존재에 불과하다는 것이 그의 주장이었다. 즉 인간이 설사 합리적 선택을 추구한다 하더라도 정보,

지식, 인식력, 시간적 제약 때문에 목표를 이룰 수 없다는 것이다. 그는 "제한된 합리성bounded rationality만을 추구하는 인간은 극단적으로 합리적인 선택을 결코 하지 않는다"고 말한다. 그렇다고 인간을 비합리적 존재로 단정 짓는 것은 아니다. 다만 온전히 합리적이라는 주장을 부정하고, 이를 증명하려는 것이 행동경제학의 입장이다. 인간은 제한적으로 합리적이며 때론 감정적으로 선택하는 경향이 있다는 것이다.

쉽게 사례를 통해 이해해보자.

최근 환갑을 맞이한 나의 작은아버지는 환갑잔치를 열지 않고 부부동반 해외여행을 다녀오셨다. 바다낚시에 취미가 있는 작은아버지는 관광도 할 겸 미국 델라웨어의 도버를 찾았다. 그곳에서 운 좋게 연어를 잡은 작은아버지는 곧장 냉동해 택배로 집으로 부쳤다고 했다. 그런데 귀국 후에도 택배 소식이 없더니, 2주일이 지나서야 택배회사에서 물건을 분실했다는 통보가 왔다. 힘들게 잡은 고기를 분실했다는 소식에 작은아버지는 격하게 항의했다. 그러자 택배회사는 40만 원의 보상금을 지급했다.

보상금을 받은 작은아버지는 모처럼 가족과 고급 레스토랑에서 식사나 하자는 생각이 들었다. 그날 작은댁 식구들은 저녁식사에 35만 원을 쓰고 집으로 돌아왔다.

모르긴 몰라도 이런 상황에서는 누구나 나의 작은아버지와 비슷하게 행동했을 것이다. 그런데 만약 작은아버지가 연봉이 40만 원

올랐다면 어떻게 했을까? 그 돈을 한 끼 식사로 써버렸을까? 웬만큼 통 크지 않고서야 그러지는 않을 것이다.

똑같은 40만 원이라 할지라도 택배회사에서 받은 40만 원은 연봉 증가분 40만 원과 성격이 다르다. 그래서 사람들의 반응도 달라진다. 택배회사에서 받은 돈은 우연히 생긴 공돈이라 여기고 편하게 써도 된다고 생각한다. 복권에 당첨된 사람들이 흥청망청 낭비하는 것과 같은 맥락이다. 그렇지만 연봉이 늘어난 것에 대해서도 그런 태도를 취하기는 쉽지 않다.

이 두 상황의 차이를 전통 경제학으로 설명할 수 있을까? 쉽지 않다. 반면 행동경제학에서는 이러한 현상을 '심리적 회계장부의 오류 mental accounting'라고 명쾌하게 설명한다. 모든 사람들은 자신의 마음속에 장부를 가지고 있어서 어떻게 생긴 돈이며 어디에 쓸 돈인지의 기준에 따라 들어오고 나가는 것을 기록한다. 그러니 '우연히 번 돈'과 '일해서 번 돈'은 마음속 계정에 각각 다른 돈으로 입금된다. 우연히 번 돈은 외식비로 편하게 써도 되지만 어렵게 노력해서 번 돈은 저축도 해야 하기 때문에 편하게 쓸 수 없다.

행동경제학이 말하는 인간의 비합리적 특성은 다른 곳에서도 쉽게 찾아볼 수 있다. 평소 운전을 하고 있다면 다음의 질문에 솔직하게 답해보자.

"당신은 자동차 운전이 서툰가?"

이 질문에 '그렇다'고 대답하는 사람은 많지 않을 것이다. 실제로 잘하고 못하고는 전혀 상관없다. 통계에 의하면 자동차 운전자의 80% 이상이 자신을 평균 이상의 운전자로 생각한다고 한다.

이러한 '초낙관주의overoptimism' 성향은 인간 삶의 많은 부분을 지배하고 있다. "다른 사람은 몰라도 나는 이혼하지 않는다", "담배를 피워도 나는 폐암에 걸리지 않을 것이다", "나는 교통사고가 나지 않을 것이다", "나는 이번 시험에 합격할 것이며, 연봉도 다른 사람들보다 더 높을 것이다", 이렇게 손쉽게 믿어버린다.

행동경제학자들은 이러한 현상을 '자기과신overconfidence' 이라 부른다. 어떠한 상황에도 자기 자신만은 절대적 긍정으로 포장해버린다. 그러다 엄청난 실망을 맛볼 수 있음에도 말이다. 남의 이야기가 아니다. 2015년 우리나라를 공포의 도가니로 몰아넣은 메르스MERS 확산에는 '나는 괜찮겠지'라는 안이한 자기과신이 한몫을 했다.

인간의 자기과신은 비즈니스 현장에서도 쉽게 찾아볼 수 있다. 미국 최고의 발명가 중 한 명으로 손꼽히는 딘 케이먼의 사례를 보자. 그는 2001년 자신이 발명한 1인승 스쿠터 세그웨이Segway를 판매하기 시작했다. 당시 세그웨이는 미래의 운송수단으로 조명될 만큼 획기적인 발명품으로 호평받았다. 조지 부시 미 대통령이 "인터넷 이후 최고의 발명품"이라고 극찬했을 정도다. 자신감에 도취된 케이먼은 자동차가 말을 대신한 것처럼 세그웨이가 자동차를 대체할 것이라고 공언했다. 자신의 말이 공연한 헛소리가 아님을 증명이라도 하듯이 그는 한 달에 4만 대를 생산할 수 있는 제조공장을 세웠다. 그러나 나중에 밝혀진 실제 판매량은 8년간 고작 5만 대밖에 되지 않았다. 2009년에는 〈타임〉이 선정한 '지난 10년간 실패한 10대 제품'에 오르기도 했다. 신제품에 대한 케이먼의 비현실적 자기과신이 과도한 투자라는 의사결정을 낳게 되어 실패한 사례였다.

그렇다면 인간의 비합리적 특성을 긍정적으로 활용할 방안은 없을까?

다음의 상황을 살펴보자. 의사가 환자에게 수술을 권해야 하는 상황이다. 당신이 담당 의사라면 환자에게 어떻게 알릴 것인가? 다음의 두 가지 방법 중 하나를 선택해보라.

① 지금 수술을 받으면 생존율이 10% 올라갑니다.
② 지금 수술을 받지 않으면 생존율이 10% 줄어듭니다.

두 가지 모두 내용은 같다. 그러나 ①번에서는 수술하면 생존율이 10% 증가하는 '이익의 프레임'을 제시하고 있고, ②번에서는 수술받지 않을 경우 생존율이 10% 감소하는 '손실 프레임'을 제시하고 있다. 사람들이 완벽하게 합리적이라면 두 가지 모두 같다는 것을 깨닫고 비슷한 비율로 선택하겠지만, 대부분의 사람은 ①번보다는 ②번을 더 많이 선택한다. 변화폭이 동일하다면, 이득에서 얻는 만족보다는 손실이 주는 심리적 충격이 더 크게 느껴지기 때문이다. 행동경제학으로 노벨경제학상을 수상한 대니얼 카너먼의 연구에 따르면 손실은 이득보다 2.5배 더 영향력이 크다고 한다.

이 원리를 조직의 생산성을 올리는 데에도 활용할 수 있지 않을까? A집단과 B집단에 인센티브 지급을 통해 생산성을 올리려 한다. 이에 각각 다음과 같은 프레임을 제시했다.

A집단 : 생산량이 목표를 넘으면 인센티브를 지급한다.
B집단 : 인센티브를 먼저 주고 생산량이 목표에 미달하면 인센티브를 회수한다.

A집단과 B집단에 지급되는 인센티브 금액은 동일하다. 하지만 A집단에는 생산량이 목표를 넘으면 인센티브를 지급하는 '이익 프레임'을 제시했고, B집단에는 먼저 인센티브를 주고 목표를 달성하지 못하면 회수하는 '손실 프레임'을 제시했다.

실제로 프레임을 제시한 후 각 집단의 생산성을 살펴보니 이익 프레임을 제시한 A집단은 생산성이 4~9% 증가한 반면, 손실 프레임을 제시한 B집단은 생산성이 16~25%나 증가했다. B집단에는 이미 받은 인센티브를 돌려주기 싫어하는 심리가 작용해 정해진 생산량을 달성하고자 더 많이 노력한 것이다. 그러니 줬다 뺏어라. 성과가 높아질 것이다.

# 소통 없이는
# 독창성도 없다

　　　　　미술역사상 가장 위대한 천재화가를 꼽으라
고 하면 많은 이들이 고흐나 피카소를 선택한다. 우리나라에서도 미
술 작품전을 개최할 때 고흐와 피카소는 단골손님이다. '고흐와 그
의 친구들', '피카소와 함께한 화가전' 등 이 두 사람의 이름이 들어
간 작품전이어야 관심을 끌 수 있으며, 장사가 된다고 한다.

　그렇다면 사람들은 고흐와 피카소의 작품에 대해 어떤 가치를 매
길까? 다음의 그림을 보자.

　첫 번째 그림은 고흐가 그린 〈가셰 박사의 초상〉이고, 두 번째 그
림은 피카소가 그린 〈파이프를 든 소년〉이다. 〈가셰 박사의 초상〉은
고흐가 죽은 지 100년 되던 해인 1990년에 일본의 다이쇼와 제지 명

가셰 박사의 초상, 빈센트 반 고흐, 1890년, 캔버스에 유채, 67×56cm, 개인소장

파이프를 든 소년, 파블로 피카소, 1905년, 캔버스에 유채, 100×81cm, 개인소장

예회장인 사이토 료에이가 8250만 달러에 경매로 구입했다. 당시 최고 낙찰가였다. 피카소가 24세 때 그린 〈파이프를 든 소년〉은 그가 죽고 31년 후 2004년 뉴욕 소더비 경매에서 1억 416만 8000달러에 팔렸다. 당시 고흐의 작품이 기록했던 최고가를 피카소가 갈아치운 것이다.

보통 미술작품의 판매가격은 해당 작가가 죽고 시간이 지날수록 오르게 마련이다. 그런데 고흐가 사망하고 100년이 지난 후 판매된 그림보다 피카소가 사망한 후 31년밖에 지나지 않은 그림이 왜 더 비싸게 거래되었을까?

그 답을 찾기 위해서는 그들의 인생을 들여다볼 필요가 있다.


## 피카소, 독창성을 세일즈하다

우리가 가장 사랑한 두 화가의 인생은 극적이라 할 만큼 달랐다. 고흐는 철저하게 가난했고 고독했다. 밑바닥 인생을 살면서 평생 아무에게도 인정받지 못했다. 1889년에는 생레미의 어느 정신병원에 들어갔고, 1890년 7월 27일에 삶과 작품에 대한 괴로움을 견디지 못하고 자신의 가슴에 총을 쏘았다. 바로 죽지는 않았지만 총상은 치명적이었고, 비틀거리며 집으로 돌아가 심하게 앓던 끝에 이틀 뒤 37세의 나이로 숨을 거뒀다. 반면 피카소는 어릴 때부터 천재성을 인정받았다. 그는 20대에 이미 세계적인 명성을 얻었고, 다양한 분야의 친구들과 어울리며 현대 미술계에 강력한 영향력을 행사했다. 피카소는 백만장자로 살다가 92세에 억만장자로 사망했다.

두 천재화가의 삶은 왜 이렇게 달랐을까? 큰 원인은 세상과의 소통에 있었다.

고흐와 피카소는 남들과 다른 방식으로 그림을 그렸다. 기존의 틀을 깨고 자신만의 창의성을 발휘했다. 그러나 기존의 방식과 틀을 깬다는 것은 초기 저항을 받게 마련이다. 단순히 기존의 것과 다르다는 이유만으로 작품의 가치를 인정해주는 경우는 별로 없다. 오히려 비난과 야유의 대상이 되기 십상이다. 그때가 중요한 순간이다. 자신의 독창성을 사람들에게 인정받기 위해서는 세상과 소통하며 사람들을 이해시켜야 한다. 자신의 독창성이 갖는 의미와 가치를 세일즈해야 한다.

그러나 고흐는 극도로 폐쇄적인 인물이었다. 가까운 사람들과도 쉽게 소통하지 못하며 철저하게 자신만의 세상을 살았다. 그도 인정받고 싶었고, 자신의 그림을 팔고 싶었다. 하지만 남들과 소통하지 못했다. 대표적인 예가 고갱과의 불화다. 1888년 고흐는 프랑스 남부 아를로 이주하여 그곳에 화가 공동체를 만들려는 꿈에 부풀어 있었다. 그는 예전에 파리에서 만난 적 있는 고갱에게 편지를 보내 아를에서 함께 작업할 것을 종용했다. 하지만 개성이 강하고 자기중심적인 고갱을 받아들이지 못하고 날카로운 면도칼로 자신의 귀를 자르는 사건으로 파국을 맞았다.

아주 가까운 사람들과도 소통이 어려웠던 고흐와 달리 피카소는 매우 사교적이었다. 젊어서부터 영향력 있는 미술계 인사들과 어울 렸고 각계각층의 사람들과 유대관계를 형성했다. 피카소 역시 기존 에 볼 수 없었던 방식으로 그림을 그렸다. 그렇지만 피카소는 세상과 적극적으로 소통했다. 자신의 난해하고 추상적인 그림이 갖는 의미 와 가치를 적극적으로 세일즈했다. 그것이 고흐와 피카소의 가장 큰 차이였다.

실로 피카소의 인맥은 대단했던 것으로 전해진다. 몰락했긴 했지 만 어쨌든 그의 부모는 귀족 가문 출신이었기에 학계와 예술계에 폭 넓은 인맥을 유지하고 있었다. 20세기 프랑스 시인인 막스 자코브, 기욤 아폴리네르, 앙드레 살몽, 폴 엘뤼아르, 장 콕도, 앙드레 브르통, 초현실주의 화가이자 비평가인 루이 아라공, 작가 앙드레 말로, 음 악가인 에릭 사티, 이고르 스트라빈스키, 하이메 사바르테스, 피카소 의 최대 경쟁자였던 앙리 마티스를 비롯한 후안 그리스, 아메데오 모 딜리아니, 앙드레 드랭, 루소, 페르낭 레제, 생 수틴 등의 화가와 레 오 스타인, 거트루드 스타인, 앙브루아즈 볼라르, 다니엘 헨리 칸바 일러, 빌헬름 우데 등의 수집가… 피카소의 인맥은 한 권의 책으로도 부족할 정도다.

피카소는 매우 사교적이었고 관계지향적이었다. 피카소의 작품이 고흐보다 높게 평가되는 이유는 바로 그가 일상에서 사람들과 관계하고 소통하며 작품에 대해 지속적인 세일즈를 했기 때문이다.

과거의 피카소를 보면 현재의 유재석이 연상된다. 유재석은 대한민국에서 가장 바쁜 연예인 가운데 한 명이다. 그럼에도 동료들의 결혼식 사회 부탁은 시간이 허락하는 한 흔쾌히 들어준다고 한다. 누군가 그에게 물었다. "그렇게 바쁜데 왜 그렇게 사회를 많이 보나요? 피곤하지 않아요?" 그의 답변은 간단했다. "내가 도와줄 수 있을 때 돕는 게 좋아요."

그의 사람 챙김은 방송 중에도 이어진다. 방송에서 실수를 많이 하는 박명수를 최고의 콤비로 만들고, 여러 구설수에 올랐던 정준하를 끝까지 믿어주고, 특별한 캐릭터가 없는 정형돈을 '웃기지 못하는 개그맨'으로 살려주고, 방송에 다소 부적합했던 노홍철을 〈무한도전〉을 비롯한 버라이어티에 자리 잡게 해주었다. 그는 지금 '국민 MC'이자 안티 없는 연예인, 시청률 보증수표이자 최고의 연봉을 받는 MC로 굳건히 자리매김하고 있다.

미국의 카네기멜론 대학에서 '인생을 실패하는 이유'를 조사한 적이 있었다. '전문적 기술이나 지식이 부족했기 때문'이라고 응답한 사람은 15%뿐이었다. 나머지 85%는 '인간관계를 잘못 유지했기 때문'이라고 대답했다. 피카소도 이 진실을 익히 알고 있었던 건 아니었을까?

## 탁월한 두뇌보다 탁월한 인맥이 더 중요하다

MIT 공대의 연구결과에 따르면, 업무에 대해 우리가 갖고 있는 지식 중 70%는 비공식적인 인맥을 통해 얻어진다고 한다. 그렇다면 인맥은 우리의 업무에 구체적으로 어떤 이점을 가져다줄까?

첫째, 질 높은 정보를 얻을 수 있다. 정보가 범람하는 인터넷 시대에는 일반 대중에 공개되지 않은 '쓸 만한 정보'의 가치가 점점 더 커진다. 이런 정보는 주로 개인적인 인맥을 통해 얻을 수 있다.

둘째, 인맥이 넓어지면 다양한 재능을 가진 사람들을 접하게 된다. 이런 사람들과 자주 어울리다 보면 창조적 능력도 함께 올라간다. 라이너스 폴링이라는 과학자는 1954년에 노벨화학상을, 그리고 1962년에는 노벨평화상을 수상한 독특한 이력의 소유자다. 한 번 받기도 힘든 노벨상을 두 번이나, 그것도 서로 다른 분야에서 수상할 수 있었던 비결이 무엇일까? 그는 "좋은 아이디어를 얻는 가장 좋은 방법은 다양한 인맥을 통해 아이디어를 많이 흡수하는 것"이라고 강조했다. 탁월한 두뇌보다 탁월한 인맥이 '창조적 성공'에 더 중요하다는 것이다.

셋째, 인맥은 일종의 권력이다. 오늘날 조직이 점차 수평화됨에 따라 인맥의 중심이 되는 '정보 중개인information broker'의 영향력이 점차 커지고 있다. 조직 상층부에 자리한 임원이나 특정 분야의 전문가가 아니어도 강력한 힘을 발휘할 수 있는 것이다.

이러한 이유로 전 세계 모든 조직은 원활한 소통과 인간관계를 강조한다. 하지만 소통과 인간관계는 강조한다고 해서 저절로 만들어지는 것이 아니다.

2008년 글로벌 금융위기 때 다른 인생을 살아간 두 명의 리더가 있었다. 리먼브라더스의 CEO인 리처드 펄드와 골드만삭스 CEO인 로이드 블랭크페인이 그들이다.

리먼브라더스는 2002~06년 월스트리트에 유행한 모기지 담보증권의 선구자 역할을 하며 승승장구하고 있었다. 하지만 정점을 찍은 집값이 2005년 중반부터 하락하기 시작했고 미국 연방준비제도이사회의 이자율이 오르는 등 금융가에 변화가 나타났다. 그러나 승리의 맛을 봐서인가, 리처드 펄드는 주변의 만류에도 불구하고 오히려 몸집 불리기에 적극 나섰다가 결국 리먼을 몰락의 길로 내몰았다. 리처드 펄드 회장이 리먼의 경영악화 사태를 발표한 뒤 어느 날, 체육관에서 러닝머신을 뛰고 있는 그를 발견한 리먼의 직원이 역기로 내리찍는 사건이 발생하기도 했다. 당시 언론은 "부끄러운 줄도 모르고 남들에게 비난을 퍼부었던 리처드 펄드 회장은 맞을 만도 했다"고 보도했으니, 그에 대한 세상의 시선이 얼마나 냉담했는지 짐작할 만하다. 그의 독선은 여기서 그치지 않는다. 회사를 파산 지경으로 몰아넣고도 자신은 회장직에 있는 동안 총 3억 5000만 달러의 급료와 보너스를 받아 챙겼다. 이처럼 후안무치한 그는 이제 월스트리트는 물론 온라인상에도 흔적을 찾아보기 힘들다.

반면 골드만삭스의 로이드 블랭크페인은 같은 시점에 정반대의 행보로 주목받았다. 2008년 글로벌 금융위기가 터지자 골드만삭스 주가는 61%나 폭락해 100억 달러의 구제금융을 받아야 했다. 비록 1년도 안 돼 상환했다고는 하지만 비난에서 자유로울 수는 없었다. 상황이 이쯤 되니 당시 CEO였던 로이드 블랭크페인은 스톡옵션 등 보너스를 받지 않고 주말도 반납하며 임직원들과 전방위로 소통하며 대안을 마련해갔다. 그는 지속적인 성장을 위해서는 골드만삭스 혼자 커나가는 게 아니라 고객과 산업 전체를 아우를 수 있어야 한다는 취지에서 조직 내부 구성원뿐 아니라 외부 고객들도 리더십을 갖게 해야 한다고 생각했다. 그는 PBS방송의 〈찰리 로즈쇼〉에 출연하여 "골드만삭스는 큰 시련에 직면하고 있으며 이는 나의 부족함 탓"이라며 "그럴 가능성은 희박하지만 나의 리더십이 회사에 해가 된다면 사퇴할 것"이라고 말했다. 결정적 국면에 남 탓을 하지 않고 자신을 반성한 것이다.

그의 겸허한 경영철학은 보상을 받았다. 글로벌 금융위기를 겪고 난 2014년, 구인구직 사이트인 글래스도어Glassdoor.com에서 '직원들로부터 가장 많은 사랑을 받는 기업 CEO는 누구일까?'라는 조사를 했다. 그 결과 로이드 블랭크페인이 스타벅스의 하워드 슐츠보다 한 단계 앞선 7위에 랭크됐다. 월스트리트에 미치는 영향력으로는 1위의 인물로 꼽혔다.

이처럼 소통과 관계를 중시하는 자세는 조직 내에서 생명력을 연장시켜준다. 그것도 근근이 수명만 늘리는 것이 아니라 존경과 선망의 대상으로 살아가게 한다.

나 혼자의 능력은 한계가 있다. 더구나 나의 능력을 인정받기 위해서도 기본적으로 소통해야 한다. 노벨상을 받은 사람들을 한번 검색해보라. 과거 노벨상은 대부분 단독으로 받았다. 그러나 최근 노벨물리학상, 노벨화학상 수상자들을 보면 3명 또는 4명이 공동 수상한다. 혼자만의 연구로는 세계적인 성과를 올릴 수 없다.

이제 당신은 어떤 삶을 살아가겠는가? 고흐와 피카소, 리처드 펄드와 로이드 블랭크페인, 그들 중 누구의 삶을 선택하겠는가?

# 자신의
# 시야를
## 의심하라

다섯 살 어린아이와 어른이 대화를 한다. 어른이 물었다.

"꽃 그림과 진짜 꽃 중에서 어떤 것이 더 예쁠까?"

아이는 "꽃!" 하고 대답한다.

다시 어른이 "언제나?" 하고 묻는다.

"응!" 아이는 단호하게 응수한다.

"왜지?"라고 어른이 또 묻는다.

아이가 대답한다.

"음, 왜냐하면 가끔 화가들은 내 머리를 뒤죽박죽으로 만들어놓거든요."29

책을 읽으려면 학습된 언어해독 능력이 있어야 한다. 그러나 그림은 책과 다르다. 일반적으로 사람들은 그림이란 해석해서 될 일이 아니라고 믿는다. 즉 그림을 본다는 것은 직관적으로 이해한다는 것을 의미한다. 그렇지만 그런 가정이 항상 맞는 것은 아니다. 그림을 이해하는 것은 단지 보는 것만으로 충분치 않기 때문이다. 당신이 다른 사람과 다르듯이 그림의 다양한 측면들은 각자의 경험이나 나이, 삶의 환경, 지식의 깊이에 따라 다르게 지각되고 해석된다. 앞의 대화에서 어린이는 왜 화가들 때문에 머리가 복잡해진다고 했을까? 어른들이 보지 못한 꽃 그림의 다양성을 지각하고 해석했기 때문이다.


## 인간의 시야는 원래 좁다

그림의 다양성을 지각하는 것이 왜 중요한지는 다음 페이지의 그림을 보면 분명히 알 수 있다. 이 그림의 다양성을 지각하고 해석해 보라.

어떻게 보이는가? 옷도 제대로 걸치지 않은 노인이 젊은 여자의 젖을 빨고 있다. 여자는 전혀 저항하지 않고 온전히 노인을 받아들이는 듯하다. 그림의 오른쪽 위에는 병사들이 음탕한 눈빛으로 그들을 훔쳐보고 있다. 언뜻 보기에도 그림은 대단히 기괴하고 극단적인 상황을 표현하고 있다.

시몬과 페로, 피터 파울 루벤스, 1630년, 캔버스에 유채, 155×190cm, 암스테르담 국립미술관

어떤 이는 본능에 따라 이렇게 반응한다. "참으로 좋겠다, 부럽다!" 반면 도덕적인 시각에서 그림을 바라보는 사람은 "저 나이에 욕정이라니, 저 여자도 정상은 아닐 거야"라며 혀를 찬다. 그런가 하면 목하 열애중인 누군가는 이렇게 해석할 것이다. "얼마나 사랑했으면…."

이 그림은 바로크 미술의 거장 루벤스가 그린 〈시몬과 페로〉라는 작품으로, 실화를 바탕으로 그려졌다. 현재 이 그림은 네덜란드 암스테르담에 있는 국립미술관 입구에 걸려 있다. 박물관에 들어서다가 이 그림을 처음 보는 사람들은 대개 당황한다. 딸 같은 여자와 놀아나는 노인의 부적절한 애정행각을 그렸다고 불쾌해하기도 한다. 어떻게 이런 포르노 같은 그림이 국립미술관의 벽면을 장식할 수 있단 말인가. 그러나 이 그림의 의미를 알면 누구나 숙연해진다. 어떤 이는 눈물을 보이기도 한다. 이 그림은 로마의 작가인 발레리우스 막시무스가 쓴《고대 로마인들의 기억될 만한 행동과 격언들》이라는 책의 제4권 5장에 나오는 이야기에서 모티브를 따온 것이다. 사람들이 그림에서 연상했던 것과 달리, 이 이야기는 효행의 미덕을 강조한다. 책의 내용은 다음과 같다.

"옛날 로마시대에 시몬이라는 사람이 살았다. 그는 죄를 짓고 사형선고를 받았는데, 그에게 내려진 형벌은 감옥에서 굶겨 죽이는 것餓死刑이었다. 이 노인에게는 페로라는 딸이 있었다. 딸이 아버지 면회를 갔는데, 굶겨 죽이는 형벌이었기에 먹을 것을 일절 가지고 갈 수 없었다. 아버지가 굶어 죽어가는 것을 차마 볼 수 없었던 딸은 아버지에게 젖을 먹여 생명을 연장시켰고, 딸의 효심 덕분에 아버지는 결국 석방되었다."

굶어 죽어가는 아버지 앞에 무엇이 부끄러우랴. 마지막 숨을 헐떡이는 아버지를 위해 무언들 못하겠는가. 그렇다. 이 그림은 단순한 외설이나 야화가 아닌 부녀의 사랑과 헌신을 담은 숭고한 작품이었다. 똑같은 그림을 보고도 어떤 이는 '예술이 아니라 외설'이라 비난하고, 또 어떤 이는 '아버지에 대한 숭고한 사랑을 담은 성화'라고 가치를 부여하기도 한다. 이처럼 인간은 자기가 필요하다고 생각하는 것만 본다. 이를 심리학에서는 '선택적 지각selective perception' 이라고 한다. 진실을 알지도 못하면서 단지 자신의 눈에 보이는 것만으로 쉽게 해석해버린다. 진실과 동떨어진 잘못된 시각을 갖게 될 리스크가 있는데도 말이다. 인간의 인지능력에 한계가 있기 때문에 어쩔 수 없이 일어나는 현상이다. 특히 정보가 홍수처럼 밀려오는 오늘날에는 모든 것을 수용할 수 없다. 부득이하게 필요한 정보만 받아들이기 때문에 인지수준이 편파적일 수밖에 없다.

정보를 받아들이는 그 순간 보통의 인간과 창조적인 인간은 구분된다. 창조적인 인간은 남들이 쉽게 간과하거나 지나치는 정보를 확 잡아챈다. 그것을 수용하고 가공해서 새로운 창조물을 만들어낸다. 대표적인 인물이 바로 피카소다.

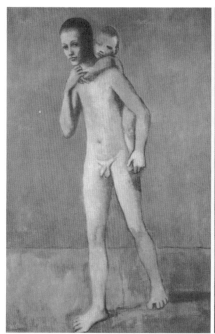

왼쪽_ 두 형제, 파블로 피카소, 1906년, 파리 피카소 미술관
오른쪽_ 두 형제, 파블로 피카소, 1906년, 유채, 142×97cm, 바젤 시립미술관

피카소는 피레네 산맥에 있는 스페인의 고솔 지방에 머물면서 소년을 주제로 한 그림을 많이 그렸다. 앞의 그림도 고솔에서 머물 때 그린 유채화다.

그는 〈두 형제〉를 각각 다른 방법으로 그렸다. 당신이 보기에는 어느 쪽 그림이 예술적 가치가 높아 보이는가? 벌거벗은 형이 동생을 업고 있다. 별다른 장식도 없는 이 그림은 왠지 모를 따뜻함을 느끼게 한다. 이 두 작품은 모두 1906년에 그린 그림으로, 왼쪽 그림을 먼저 그린 후 오른쪽 그림을 그렸다.

사실 피카소가 일부러 두 작품을 그린 것은 아니었다. 왼쪽의 그림은 선을 살려 인체의 부드러움과 황토색의 자연 속 생활을 보여주고 있다. 그러나 당시 미술평론가들은 왼쪽 그림을 "신체의 비례가 맞지 않아 아마추어 화가의 그림 같다, 완성도가 떨어진다"며 평가절하했다. 이에 화가 난 피카소는 "그럼 당신들이 좋아하는 고전적 스타일로 얼마든지 그려주지"라며 오른쪽 그림을 그렸다. 작품을 바라보는 시선이 서로 차이가 있음을 알 수 있다.

당시 피카소는 모델을 정확하게 묘사하기보다는 자신의 해석에 따라 '피카소화化' 한 방식을 쓰기 시작했다. 우리에게 익숙한 피카소만의 조형성이 이때부터 서서히 나타나기 시작했던 셈이다. 시대를 앞서간 피카소의 천재성을 평론가들이 아직 지각하지 못했던 것이다.

# 틀에 갇힌 그림은 죽은 그림이다

나의 초등학교 시절 교실에는 바르비종파의 창시자인 장 프랑수아 밀레Jean Francois Millet의 〈이삭 줍는 사람들〉의 복사본이 늘 걸려 있었다. 성인이 된 지금도 식당이나 가게에서 종종 이 그림이 보인다. 심지어 과자 포장지는 물론 TV 광고에도 등장한다. 그만큼 한국 사람들에게 익숙하고 부담 없는 서민적인 그림이다.

이 그림은 추수가 끝난 황금빛 들판에서 이삭을 줍고 있는 세 농촌 여인의 모습을 그린 작품이다. 밀레는 진실한 그림을 그리기 위해 파리를 떠나 그의 고향인 바르비종에 머물면서 농민의 진솔한 모습을 그렸다. 그림의 앞부분은 농촌의 실제 생활이, 뒷부분은 아름다운 자연과 목가적인 농촌이 묘사되어 있다. 일하는 사람들의 움직임과 소란스러움은 멀리 원경으로 밀려나 있고, 화면은 깊은 정적에 잠겨 있어 세 사람의 모습에서는 엄숙함까지 느껴진다.

그런데 밀레가 활동한 19세기 중반 프랑스에서는 이 평온한 그림이 격렬한 논쟁의 대상이 되었다. 먼 옛날부터 추수가 끝난 뒤에 이삭을 줍고 다니는 사람은 자신의 농지가 없어서 주운 이삭으로 배를 채워야 하는 최하층 빈민이었다. 당시 프랑스에서 이삭줍기란 농촌의 빈민층에게 농장주들이 베푸는 일종의 시혜였다. 그러나 굶주린 이들의 숫자에 비해 남아 있는 곡식의 양은 턱없이 부족했기 때문에 이삭줍기는 늘 엄격한 관리 하에 이루어졌다. 이를 입증하듯 그림의

이삭 줍는 사람들, 장 프랑수아 밀레, 1857년, 캔버스에 유채, 83.6×111cm, 오르세 미술관

오른쪽 건물 앞을 보면 말을 탄 지주가 농민들을 지켜보고 있는 장면이 포착된다.

이러한 구도 때문에 당시 보수적 부르주아 비평가들은 〈이삭 줍는 사람들〉을 불쾌하게 여겼으며, 농민의 모습만 그리는 밀레를 사회주의자라고 비난했다. 3명의 여인들은 서서히 어두워지는 들판에서 자잘한 이삭을 줍고 있는 반면 말을 탄 지주는 이들의 모습을 감독하고 있다. 이 드라마틱한 대조야말로 빈부격차를 고발하고 농민과 노동자를 암묵적으로 선동하는 것이라고 생각했던 것이다. 사실 밀레는 정치적인 이유에서 농촌에서 일하는 사람들을 그린 것도 아니었을 뿐더러, 스스로 가난한 생활을 해보았기 때문에 이들의 삶을 미화하거나 이상화할 수도 없었다.

사람은 보고 싶은 것만 보고, 듣고 싶은 것만 듣는 경향이 있다. 자신이 처한 상황에서 모든 것을 자신의 입장에서 해석한다. 같은 그림을 두고 누군가는 계절의 아름다움을 느끼고, 누군가는 일하는 인간의 고귀한 노동을 상기하는데, 다른 누군가는 선동하는 작품으로 해석하니 말이다. 물론 이런 현상은 오늘날에도 비일비재하게 나타난다. 세월이 지나도 '선택적 지각'이라는 인간의 편향은 변함이 없다.


19세기 후반에서 20세기 초 프랑스를 중심으로 예술가들은 사물이 지닌 개성이나 특성을 표현하기 위해 무척 노력했다. 전통적인 회화기법을 거부하고 색채와 색조, 질감 자체에 관심을 두기 시작했다.

롱샹에서의 경주, 에두아르 마네, 캔버스에 유채, 1866년, 44×84cm, 시카고 미술관

바로 인상주의 사조인데, 예를 들어 눈앞에 놓인 사과 그 자체보다 익어가는 사과의 색과 빛이 비추는 방향, 빛의 양을 더 중시한 것이다. 특히 인상주의 작품은 물체의 윤곽이 뚜렷하지 않고 간단한 명암 표현과 짧은 붓 터치로 이루어진 색채가 두드러진다. 형태보다 색채를 중시했기 때문이다. 인상주의의 대표적인 인물로 꼽히는 마네의 〈롱샴에서의 경주〉를 보면 경기를 관람하는 사람들은 물론이거니와 말을 탄 기수들의 윤곽도 제대로 그리지 않은 것을 볼 수 있다.

당시 화단을 지배했던 미술가들이나 일반 시민들에게 인상주의는 전혀 다른 새로운 길을 개척한 혁신적인 표현 양식이었다. 그러나 인상주의 화가들의 저항은 제한적이었다. 객관적이고 사실적인 재현은 포기했지만 시각적 재현의 가능성 자체를 완전히 배제한 것은 아니기 때문이다. 그러나 피카소는 시각적 재현의 근거가 되는 관점마저 과감하게 해체했다.

다음의 그림은 피카소의 다섯 번째 애인 도라 마르의 초상화다. 비전공자들의 눈에는 마치 아이들이 장난기로 낙서한 얼굴같이 보인다. 하지만 1941년에 이 그림이 완성되자 피카소는 "보기 드물게 완벽한 그림을 그렸다"며 희열에 빠졌다고 한다. 이 그림은 2006년 뉴욕 소더비 경매에서 9520만 달러에 낙찰되었다. 이 난해한 그림 앞에서 고개를 갸우뚱하는 감상자가 대다수이지만, 몇몇 감상자들은 그림에 홀린 듯 황홀경에 빠지기도 한다. 과연 이 그림에는 어떤 의미가 숨어 있을까?

그것은 인상주의 화가들조차 시도해보지 않았던 '시선의 파괴'다. 객관적 재현은 물론이고 일관되고 통일된 시선 자체가 가능하지 않다는 것을 피카소는 다양한 방식으로 표현했다. 정면에서 보는 시선과 측면을 보는 시선을 한 얼굴에 그려놓은 것 등이 그런 장치다.

　혹자들은 이 그림의 비밀을 '잠재의식'으로 설명하기도 한다. 피카소가 도라 마르를 관찰한 시선이 일반적인 인식 수준이 아니라 잠재의식을 통한 것이었으며, 몇몇 사람들에게 잠들어 있는 잠재의식을 건드려 전율을 느끼게 한다는 것이다. 물론 잠재의식에 대해 심리학에서는 많은 연구가 진행되고 있지만 과학적으로 확실히 입증되지는 않았다. 심증은 가지만 물증이 충분치 않다는 것이다. 이 가설대로라면 피카소는 단순히 기법만을 차별화한 것이 아니라 대상을 전혀 새로운 시선과 의식으로 관찰했다는 말이 된다.

　어떻게 보면 이해가 불가능한 이 그림은 인상주의, 후기 인상주의, 야수파 등의 사조에서 시도해본 적 없는 전혀 새로운 스타일이었다. '선은 형태를 가두고 외부 세계와 분리시킨다'는 화가들의 불문율, 그 보편화된 통설을 뒤엎고 피카소는 자기의 생각과 시선을 대담하게 채용했다.

　만약 피카소에게 왜 이런 그림을 그렸냐고 묻는다면 그는 이렇게 대답했을 것이다. "화가가 일정한 틀에 갇힐 때 그것은 죽음을 의미한다. 나는 모든 것을 말로 하지 않고 그림으로 나타낸다."

고양이와 함께 있는 도라 마르, 파블로 피카소, 1941년,
캔버스에 유채, 128.3×95.3cm, 개인소장

## 기존의 틀을 깨고 보는 법

그렇다면 피카소처럼 보편화된 통설을 뒤엎고 다양한 방식으로 사물을 바라보려면 어떻게 해야 될까?

첫째, 법칙을 깨뜨려야 한다. 원래 인간은 날카로운 이빨도, 강한 발톱도 없는 나약한 동물이었다. 그런 인간이 어떻게 살아남을 수 있었을까? 그것은 인간만이 가진 무한한 상상력으로 생존의 법칙을 창조했기 때문이다.

그러나 이제는 인간이 개발한 기존의 생존법칙이 외려 변화와 창조, 혁신을 가로막고 있다. 여러 가지 이유가 있겠지만, 우리 사회에서는 획일성을 강조하는 교육의 문제를 꼽지 않을 수 없다. 어릴 때부터 법칙에 순응해야 한다고 강조하는 공교육이 줄기차게 이루어지고, 주어진 길에서 벗어나면 잘못된 사람으로 취급받기 일쑤다.

아인슈타인은 과학계로부터 완전히 고립되어 있는 동안 최고의 정신적 활동을 했다. 그는 체제에 순응하는 사람이 아니었다. 수업에 참석하는 경우는 매우 드물었고, 그러다 보니 교육자들이 가르치는 내용에 결코 존경심을 보이지 않았다. 그런 독립심 때문에 정상적인 연구활동을 하기도 어려웠다. 하지만 그는 남들의 방식을 따르지 않고, 책과 문서로 둘러싸인 특허국 사무실에서 기념비적인 물리학의 발견을 이루었다. 그렇다고 당장 학교를 그만두라는 말은 아니니 오해는 말자. 때로는 기존의 법칙에 의문을 가지고 그 법칙을 깨뜨리며 새로운 사고를 가져달라는 것이다.

둘째, 다양한 방식으로 사물을 바라보기 위해서는 아이의 눈을 가져야 한다. 다음 페이지의 그림은 피카소가 그린 〈앙브루아즈 볼라르의 초상〉이다. 이 그림의 특징은 입체주의의 엄격성을 견지했음에도 모델의 얼굴 특징을 족집게로 집어낸 듯 부각시켰다는 것이다.

이 그림에는 재미있는 일화가 전한다. 프랑스 화상이었던 볼라르에 따르면 자기 친구들은 이 그림의 주인공이 누구인지 몰라봤다고 한다. 그런데 네 살배기 친구의 아들이 초상화를 보자마자, "어! 볼라르 아저씨네"라고 말했다고 한다. 순수한 아이의 눈이 단박에 초상화의 실체를 집어낸 것이다.

네 살배기 아이에게 어떻게 이런 능력이 있었던 걸까? 아이들은 그림의 구체적인 현실적 표면과 색채를 재현할 줄 몰라도 지극히 주관적인 맥락에서 현실의 상징들을 받아들인다. 아이는 아직 사고가 습관화되어 굳어지지 않았기 때문에 자신의 의도를 포장하거나 조작하지 않는다.[30] 가공되지 않은 원시적이고 본원적인 미술에 역점을 둔 프랑스의 화가 장 뒤뷔페Jean Dubuffet는 이렇게 말했다.

"아이들은 공인된 미술의 여러 제약에서 자유롭기 때문에 하고 싶은 대로 하고, 굳이 아름다움을 추구하려 하지 않는다."

피카소가 기존 회화의 습관화된 영역을 파괴하고 창조성을 발휘했던 것도 아이들과 비슷한 사고를 하고자 노력했기 때문이다. 그는

앙브루아즈 볼라르의 초상, 파블로 피카소, 1910년,
캔버스에 유채, 92×65cm, 러시아 푸시킨 미술관

생생한 조형언어를 지닌 작품들을 통해 어린 시절의 에너지와 창의성을 간직하기 위해 부단히 노력했다. 그는 이렇게 회고했다. "난 한때 라파엘처럼 그렸다. 그렇지만 아이들처럼 그릴 수 있게 되기까지는 내 모든 생애가 걸렸다." 아이의 눈을 갖기 위해 피카소가 쏟은 노력의 양을 짐작하게 하는 말이다.

셋째, 다른 시선을 가지려면 의도적인 장치가 필요하다. 성인이 기존의 틀을 깨고 아이와 같은 사고를 하기란 결코 쉽지 않다. 그렇다고 다시 태어날 수도 없으니 말이다.

미 해군 최초의 여성 제독이자 최초로 컴파일러를 개발하고 '프로그램 버그'라는 용어를 만들어낸 프로그래밍 언어 설계자 그레이스 머레이 호퍼는 사무실에 거꾸로 가는 시계를 항상 놓아두었다. 그녀와 손님들은 그 시계를 보면서, 선례는 현 상태를 유지하는 이유가 결코 될 수 없음을 상기하곤 했다. 시계가 낡은 사고방식에서 빠져나와 거리를 유지하게 도와주는 도구가 되었던 것이다.

다음은 어떤 회사일까? 2015년 매출액은 750억 달러(약 80조 원)이며, 시가총액은 1400억 달러(약 149조 원)에 달한다. 옷과 책 같은 일반 상품부터 보이지 않는 디지털 상품까지 모든 걸 판매한다. 바로 아마존이다. 대한민국의 최대 기업인 삼성전자도 최근에는 애플보다 아마존을 벤치마킹하고 있다고 한다. 아마존은 삼성전자가 팔지 않는 콘텐츠를 팔기 때문이다.

아마존의 성장배경에는 '고객중심주의'라는 경영철학이 핵심에 자리 잡고 있다. 철학 자체는 다른 기업과 별다를 게 없다. 하지만 아마존의 고객우선은 단순한 구호가 아니라 구체적 실천전략이다. 아마존의 500개 성과지표 중 80%가 고객과 관련된 지표다. 이를 웅변하듯 아마존 회의에는 늘 빈 의자가 하나 있다. 고객이 앉아 있다고 가정하는 것이다. CEO인 제프 베조스는 고객이 회의에 참석한 양 경건하게 회의를 주재한다.[31] 빈 의자는 회의에 모인 사람들에게 여기서 누가 가장 중요한 사람인지 떠올리게 하기 위한 의도적 장치다. 회의의 결과는 당신이 상상한 대로다.

5장

영혼의
힘을
믿는다

"사람들은
육체를 보전하기 위해
많은 노력을 한다.
그러나 영혼을
인식하기 위해서도
그만큼 노력하는가?"

—마하트마 간디

# 직관을
# 발휘하라

　　누구나 특정 문제의 해결책을 찾지 못해 밤새워 고민해본 적이 있을 것이다. 고민과 고민을 거듭하지만 해결책은 쉽게 떠오르지 않는다. 그러다 어느 한순간 섬광처럼 당신의 뇌리에 꽂히는 깨달음의 순간을 경험해보지 않았는가? 아무리 이성적이고 논리적으로 생각하고 판단해도 풀리지 않던 그 문제가 거짓말처럼 해결되는 경험 말이다. 이러한 현상을 두고 프랑스의 수학자 앙리 푸앵카레는 이런 말을 남겼다. "논리를 통해 기존의 사실을 증명할 수는 있다. 하지만 새로운 지식을 얻지는 못한다. 새로운 지식의 습득을 가능하게 하는 것은 '직관直觀'이다."

　　섬광처럼 내리꽂히는 깨달음도 직관이라 할 수 있지 않을까. 물론 직관에도 문제는 있다. 직관은 순간에 사태를 전체적으로 파악하지만 분석처럼 명확하지는 못하다. 따라서 직관하는 당사자에게는 명확하게 인식되었다 하더라도 그것을 타인에게 오롯이 전달하기가 쉽지 않다.

그러나 예술가들에게는 이런 난점이 큰 문제가 되지 않는 듯하다. 그들은 직관을 별다른 저항감 없이 받아들이고 표현한다. 대표적인 인물이 초현실주의 그룹을 대표하는 살바도르 달리Salvador Dali다. 달리는 피카소나 마티스, 뒤샹과 더불어 20세기 현대미술의 중요한 인물로 평가받고 있다. 달리의 그림은 특정 대상에 대한 영적인 힘을 발휘하여 본능적인 통찰력을 이끌어낸다.


## 녹아내리는 치즈에서 '시간'을 발견하기까지

다음의 그림은 달리의 대표적인 작품 중 하나인 〈기억의 지속〉이다. 마치 꿈속에 있는 듯한 인상을 주는 이 그림은 축 늘어진 시계 형상이 특히 독특하다. 스페인 북부의 리가트 항구 마을 근처의 연안 풍경을 그리던 시절에 그는 "이곳의 바위는 투명하고 우울한 황혼으로 빛났다"고 말하곤 했다. 그는 이 풍경이 어떤 놀라운 이미지와 아이디어의 배경이 될 것임을 간파했으나 좀처럼 영감이 떠오르지 않아 애를 태웠다고 한다. 그러던 어느 오후 그의 아내 갈라가 친구들

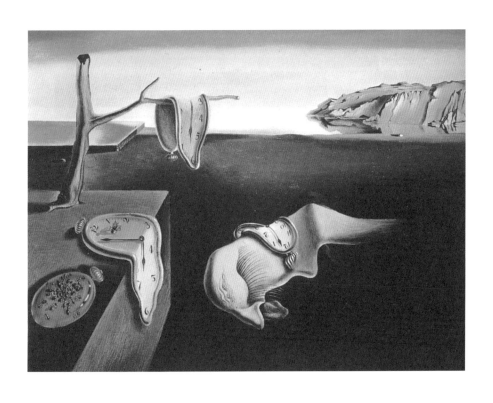

기억의 지속, 살바도르 달리, 1931년, 캔버스에 유채, 24×33cm, 뉴욕 현대미술관

과 외출하고, 달리는 두통에 시달리며 집에 남아 있었다. 그가 잘 숙성된 카망베르 치즈로 식사를 마치고 혼자 앉아 있을 때 갑자기 작품에 대한 아이디어가 머리를 스치고 지나갔다. 편두통 때문에 머리가 깨질 듯이 아팠지만 달리는 가만히 있을 수 없었다. "나는 급히 팔레트를 준비하고 미친놈처럼 그림을 그려댔지. 두 시간 후 갈라가 집으로 돌아왔을 때 그림은 이미 완성된 상태였어!"라고 당시를 회상했다.[32]

달리가 부드럽게 녹아내리는 시계를 그리게 된 계기는 치즈였다. 달리는 작업실에서 풍경을 응시하다가 탁자에 놓인 카망베르 치즈가 더위 때문에 접시에서 녹아 퍼지는 것을 보게 되었다. 접시에서 부드럽게 퍼지면서 녹아내린 치즈는 곧 달리에게 녹아내리는 시계의 영감을 주었다

〈기억의 지속〉이라는 그림을 그리기 전에 달리는 스스로 정의한 '부드러움'과 '극도의 부드러움supersoft'의 이미지를 그려내는 것에 몰두해 있었다. 이러한 집착이 영적인 힘을 발휘하게 하고 놀라운 통찰력으로 연결된 것이었다.

직관력이 놀라운 예술작품을 탄생시킨 예는 피카소에게서도 찾을 수 있다. 1942년 어느 날, 길을 가던 피카소가 우연히 고물이 잔뜩 쌓여 있는 곳에 버려진 자전거 한 대를 발견했다. 피카소는 그 자전거에서 안장과 핸들을 떼어내어, 안장에 핸들을 거꾸로 붙였다. 그게 다였다. 〈황소머리〉라 불리는 이 작품은 초현실주의적 표현양식의

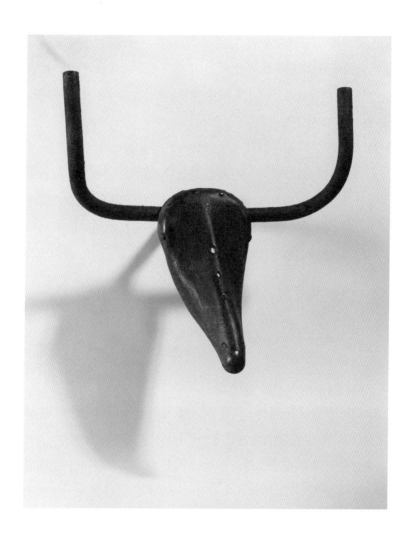

황소머리, 파블로 피카소, 1942년, 조각, 22.5×43.5×19cm, 파리 피카소 미술관
© RMN-Grand Palais (musée Picasso de Paris) / Béatrice Hatala - GNC media, Seoul, 2016

가장 중요한 작품으로 꼽는다.

피카소에게 이 작품을 만들게 된 계기가 있었는지 물어보았다. 그는 이렇게 대답했다. "갑자기 두 물체가 하나로 합쳐진 모습이 뇌리를 스쳤다. 그게 전부다."

이 작품은 크리스티 경매에서 약 293억 원에 팔렸다. 쓰레기를 보물로 환생시켜 거액의 부가가치를 창출한 것이다. 피카소의 예술적 재능에 직관이 더해진 성과다. 이런 이유로 이탈리아의 철학자이자 역사가인 베네데토 크로체Benedetto Croce는 "미술을 한마디로 직관이라 부른다면 그것이야말로 완벽한 정의다"라고 말하기를 주저하지 않았다.


## 불평하고, 기록하고, 믿어라

그렇다면 달리와 피카소처럼 직관을 발휘하기 위해서는 어떤 노력이 필요할까? 예술가가 아닌 일반인들도 직관이 가능할까?

중요한 결정을 내려야 하는 상황에 처할 때마다 도망치고 싶어 하는 사람들이 있다. 그런 극단적 성격의 소유자만 아니면 누구나 직관을 발휘할 수 있다. 사실 인간은 직관의 삶 속에 산다고 해도 과언이 아니다. 역사상 성공적인 결정의 80%는 직관에 의한 것이었으니 말이다.

직관력을 높이기 위한 첫 번째는 불평과 불만을 자주 터뜨리는 것이다.

불평과 불만만 늘어놓으라는 뜻이 아니다. 불평과 불만을 통해 자신과 처해진 상황에서 결핍을 찾으란 의미다. 애플의 신화를 이끌었던 스티브 잡스는 매사에 불만이 많았다. 췌장암 투병 중에도 투덜대고 짜증내는 기질을 버리지 못했다. 병원에서 의사가 그의 얼굴에 마스크를 씌우려 하자 잡스는 그걸 벗어버렸다. 디자인이 마음에 들지 않는다는 이유였다. 말도 제대로 못하면서 마스크를 거듭 다시 가져오라고 지시했고, 그의 아내가 다독여서 겨우 마스크를 씌웠다고 한다. 이처럼 작은 불만족도 견디지 못하는 태도가 그를 혁신의 아이콘으로 만들었다.

이를 검증하기 위해 심리학자들이 다음의 실험을 해보았다. 세 그룹으로 나눠서 학생들에게 어린 시절의 경험을 기록하게 했다. 어릴 때의 기억을 떠올리면서 어떤 사람들은 자연스럽게 슬픔을 느끼거나 분노했고, 몇몇은 별다른 감정 변화가 없었다. 그런 다음 정해진 시간 동안 지구 환경을 보호하기 위한 아이디어를 생각하게 했다. 결과는 어땠을까?

분노의 감정을 느낀 참가자들이 아이디어를 더 많이 냈으며, 틀에 벗어난 독창적인 사고를 더 많이 한 것으로 나타났다. 수동적인 감정인 슬픔이나 걱정은 사람을 움츠러들고 조심스럽게 만들지만, 적극적인 감정인 불평과 불만, 분노는 사람을 각성시키고 공격적으로 만든다. 이러한 심리적 상태에서는 주변을 불확실하게 보지 않고 주도적인 태도를 갖게 된다. 사고의 체계성은 다소 떨어지지만 시야가 넓어져 영역을 넘나드는 다른 생각을 하게 된다.

이러한 불평과 불만은 차별화를 가능케 한다. "내가 왜 이것밖에 못하지?"라는 불만은 "나라면 다르게 할 수 있을 텐데"라는 식으로 생각이 나아가게 해준다. 편두통 때문에 머리가 깨질 듯이 아파오면서도 달리는 남과 다른 그림을 그리지 못한다는 것이 불만이었다. 그 불만이 결국 창조역량으로 이어져 두 시간 만에 완성된 그림을 그릴 수 있었다. 피터 드러커와 함께 현대 경영의 창시자로 불리는 톰 피터스도 불만의 효과를 알고 이렇게 강조했다. "혁신의 유일한 원천은 짜증내고 화내는 사람이다."

불평과 불만이 있는 사람은 익숙한 것에 길들여지지 않는다. 이때의 분노는 결핍을 드러내고 변화를 향한 새로운 에너지가 된다. 여기에 나는 이런 말을 덧붙이고 싶다. "불평과 불만 없이 더 이상의 진보는 없다"고.

스티브 잡스의 직관능력이 남들보다 뛰어난 또 다른 이유는 고객이 갖고 있는 욕구를 꿰뚫어보는 공감능력이 더해졌기 때문이다. 그는 시장조사에 의존하기보다는 직접 상대와 교감한다. 잡스는 대학을 중퇴한 후 인도에서 불교를 공부하면서 직관을 통해 지혜를 활용하는 중요성을 깨달았다. 잡스는 당시를 회상하며 다음과 같이 말했다. "인도 시골 지역에 거주하는 사람들은 우리처럼 지적 능력을 사용하지 않는다. 대신 그 사람들은 직관을 활용한다. 직관의 힘은 매우 강력하다. 나는 직관이 지적 능력보다 더욱 강력한 힘을 갖고 있다고 생각한다."

직관을 중요하게 여긴 잡스는 단 한 명으로 이뤄진 포커스 그룹을 활용하기도 했다. 그 한 명은 다름 아닌 스티브 잡스 자신이었다. 잡스는 자신과 친구들이 원하는 제품을 만들었다. 2000년에는 다양한 휴대용 음악기기가 시중에 유통됐는데, 음악을 무척 좋아했던 잡스는 시중에 나와 있는 기기들이 하나같이 변변치 않다는 데 불만을 느꼈다. 그는 주머니에 수천 곡의 노래를 넣고 다니는 단순한 기기를 만들어야겠다고 생각했다. 그는 이렇게 말했다.

"우리 자신을 위해 아이팟을 만들었다. 사람들은 자신이나 친구, 가족을 위해 무언가를 할 때 결코 허술한 결과물을 내놓지 않는다."

직관력을 높이기 위한 두 번째는 메모하고 또 메모하는 것이다.

다음은 누구를 말하는 걸까? 21세에 처음 특허를 신청한 후 세상을 떠날 때까지 미국에서만 1093개의 특허품을 냈고, 세계 각국에 1200가지 특허 출원을 했다. 대표 발명품으로 전구, 축음기와 녹음기, 배터리, 시멘트 등이 있다.

그렇다. 바로 토머스 에디슨이다. 그의 발명품은 인류문명에 지대한 공헌을 했다. 에디슨이 이러한 업적을 달성할 수 있었던 이유는 자신의 직관을 믿었기 때문이다. 고집불통의 발명가였던 그는 연구에 전념하는 동안 2주에 한 번씩 특허를 냈고, 어디든 자신의 두꺼운 메모장을 들고 다녔다. 밥을 먹거나 친구들과 대화를 나눌 때, 길을 걸을 때, 심지어 잠을 잘 때에도 그는 문득 생각이 떠오르면 주저 없이 기록했다. 에디슨은 84세의 나이로 생을 마감했는데, 그때까지 그가 남긴 메모장은 3400권에 달한다.

세계에서 가장 혁신적인 기업을 말할 때 IDEO를 빼놓을 수 없다. '모든 디자인은 IDEO를 통한다'고 할 정도로 오늘날 혁신의 대명사로 불린다. 애플, 도요타, 마이크로소프트, 펩시, P&G, 삼성전자를 주요 고객사로 보유한 디자인 회사로서 자연을 제외한 인류의 모든 가공물이 그들의 디자인 대상이다. 심지어 영화나 조직문화도 디자인한다. 이런 IDEO의 혁신 원동력에는 독특한 브레인스토밍이 있다.

IDEO의 프로젝트 팀은 다양한 분야의 전문가들로 구성된다. 팀리더는 한 번에 한 가지씩 자극적인 질문을 던지고, 팀은 추상적인 것부터 명확한 것까지 다수의 아이디어를 생산한다. 아이디어가 떠오르면 포스트잇에 적고 팀과 공유한다. 특히 아이디어는 텍스트가 아닌 시각적이고 구체적인 형태로 묘사된다. 다른 사람들이 복잡한 아이디어를 쉽게 이해할 수 있도록 하기 위해서다. 마지막으로 다른 사람이 작성한 포스트잇에 적힌 아이디어를 결합하고 보충한다. 이렇게 하여 수백 개의 아이디어가 탄생한다. IDEO의 팀 모두가 디자이너는 아니다. 인류학, 경영학, 심리학 전문가에 심지어 의사도 있다. 해당 문제에 대한 전문가는 아니지만 아이디어를 적고 결합하는

IDEO가 포스트잇을 활용해 아이디어를 도출하는 모습
(출처: openideo.com)

차별화된 브레인스토밍 덕분에 직관력이 발휘되고 창의성으로 연결되는 것이다.

현재까지의 연구로 볼 때 유전학적으로 타고나는 창조성이란 것은 없다. 천재 과학자로 불리는 아인슈타인조차 뇌를 검사해봤더니 다른 사람들보다 용량이 조금 작은 것 외에는 특이한 점이 없었다고 한다. 범재凡才들은 천재들이 가만히 있다가 엄청난 영감을 얻는다고 생각하지만, 이는 그들의 노력을 무시하는 것이다. 노벨상을 두 번이나 받은 라이너스 폴링은 "훌륭한 아이디어를 떠올리는 가장 좋은 방법은 많은 아이디어를 떠올리는 것이다"라고 했다. 평범한 인물이 비범한 인물로 가기 위한 두 번째 노력은 메모하고 메모해서 아이디어를 결합하는 것이다.

마지막 세 번째, 자기 직관의 힘을 믿어야 한다.

직관은 잠재의식에서 전달되는 동물적 본능이다. 이것은 합리적 정보에 의존해서 결정을 내리는 경우보다 아무런 정보가 없어서 의사결정을 전혀 내릴 수 없는 상황에서 더욱 진가를 발휘한다.

방식에는 차이가 있겠지만 의식적으로 직관을 따르는 경영자들이 늘어나고 있다. 빌 게이츠는 직관에 의존해 의사결정을 할 때가 많다고 인정했다. 또한 일본 소니의 공동창업자인 이부카 마사루도 자신의 성공비결에 대해 항상 정해진 의식을 따른 덕분이라고 말했다. 사업상 어떤 결정을 내리기에 앞서 그는 허브차를 마시며 자신에게 질문을 던졌다고 한다. "이 계약을 성사시켜야 하나, 말아야 하나?" 그러면서 마신 차를 몸이 제대로 받아들이지 않으면 계약을 체결하지 않았다고 한다. "직관을 믿었죠. 제 직관이 어떻게 작용하는지 알고 있으니까요. 제가 정신은 그리 영특하지 않지만 몸 하나는 믿을 만하거든요."[33] 네덜란드 라드바우 대학의 심리학자인 아프 데익스터호이스 박사는 "까다로운 선택일수록 그 결정은 직관에 충실해야 한다"라고 주장하기도 했다.

오늘날 CEO에게 직관은 왜 이렇게 중요해진 걸까? 현대 경영은 속도전이다. 정보가 매분 매초 쏟아지고 시장상황은 빛의 속도로 달라지는 오늘날, 자신의 직관을 믿는 것은 무엇보다 중요하다. 정보나 의견을 더 얻어보겠다고 기약 없이 시간을 끌다가는 천적과 경쟁자들의 맹렬한 공격 앞에 속수무책 당하고 말 것이다. 예술을 넘어 비즈니스 세계에서 직관의 힘이 주목받는 이유다.

직관은 지혜롭고 명민한 정보 거름망이며, 요긴한 시간 절약기다. 직관은 당신이 길을 가다 발에 걸린 돌 하나도 걸림돌이 아니라 디딤돌로 만들게 해줄 것이다. 당신의 본능적 직관을 믿었을 때 말이다.

# 기본이 갖춰져야
## 걸작이 만들어진다

미술가로 성장하기 위해서는 어떻게 해야 할까? 미술대학에 들어가면 된다. 물론 피카소와 레오나르도 다빈치처럼 타고난 재능이 있다면 굳이 대학의 문턱을 밟지 않아도 가능하다. 하지만 모든 화가가 천부적 재능을 지닌 것은 아니다. 미술사를 들여다보면 고흐, 고갱, 세잔, 루소, 모네, 마티스 등 많은 화가가 재능을 뛰어넘는 꺼지지 않은 열정으로 미술 세계를 얼마나 풍요롭게 만들었는지 알 수 있다.

그래서일까, 예나 지금이나 미술가가 되고자 하는 이들로 미술대학의 입시경쟁은 매우 치열했다. 과거에는 지금처럼 미술교육기관이 많지도 않았다. 18세기 말, 프랑스에는 미대가 딱 하나 있었다.

1648년, 루이 14세는 '미술'이라는 분야를 연구하는 왕립 미술아카데미Académie Royale des Beaux-Arts를 설립한다. 지금의 우리나라처럼 프랑스에서도 미술가가 될 수 있는 유일한 길은 바로 정통성 있는 왕립 미술아카데미에 입학하는 것이었다. 왕립 미술아카데미는 미술가를 교육하는 것뿐 아니라 왕실에서 보유한 미술품의 보관 및 유지, 작품 선정과 구매 등을 책임졌고, 살롱 전시를 주관하는 등 그야말로 절대적인 권위를 지닌 미술기관이었다. 당연히 회원이 되려면 엄격하게 제한된 자격이 요구됐으며, 이때 이후 아카데미 회원은 프랑스 미술계의 주류가 되는 것을 의미했다. 이처럼 아카데미에 들어가는 것은 미술가가 되는 유일한 방법인 동시에 미술가로서 누릴 수 있는 최고의 부와 명예를 보장받는 길이었다. 그러니 입시경쟁이 얼마나 치열했겠는가? 아카데미에 입성하기 위해서는 오늘날의 입시지옥과는 비교할 수 없을 정도로 길고 험난한 과정을 거쳐야 했다.

## 동서고금의 절대적 성공법칙

그렇다면 18세기의 미술 입시지옥이 얼마나 대단했는지, 한번 들어가 보자.

아카데미에 입성하기 위해서는 일단 유명 화가의 스튜디오에서 수련을 받아야 한다. 미술학원에서 과외를 받는 것이다. 과외를 받은 후보생들은 이제 아카데미 유명 교수에게 추천서를 받아 아카데미 부속 미술학교인 에꼴 데 보자르Ecole des Beaux-Arts에 입학해야 한다. 에꼴 데 보자르에 들어가면 가장 먼저 고대 그리스와 로마시대 조각상을 본떠 만든 석고상을 그리고, 다음으로 라파엘로, 미켈란젤로, 레오나르도 다빈치와 같은 르네상스 시대 거장들의 그림을 따라 그린다. 이때까지 채색은 꿈도 못 꾼다. 연필이나 목탄으로 윤곽선과 명암법만 익힐 뿐이다. 동시에 이론교육도 진행되었다. 명예회원들이 강연에 초빙되었고 발표와 토론이 진행되었다. 역사, 문학, 해부학 등과 같은 수업도 병행되었다.

진급에 가장 중요한 관문은 드로잉 심사였다. 이를 통과해야 실제 누드모델을 보고 그릴 수 있는 다음 단계로 진급이 가능했다. 실제 모델을 그리게 되는 학생들에게는 '아카데미 습작' 시험에 도전할 자격이 주어졌다. 그중 10명을 뽑아 에꼴 데 보자르의 모든 진급심사 중 하이라이트인 프리드롬Prixde Rome, 즉 '로마상'에 응시할 기회를 주었다. 로마상을 수상한 학생은 로마에 있는 프랑스 아카데미 분원에서 최대 5년 동안 훈련받을 수 있는 자격을 얻었다.

로마에서 진행되는 수업은 매우 혹독했다. 매일 이른 새벽부터 몇 시간 동안 모델을 드로잉하고 고대 유적과 르네상스, 바로크 시대 교회와 궁정, 미술관 등을 순례하며 걸작을 모사했다. 한편 그들의 임무에는 프랑스 전역에 흩어져 있는 왕가저택과 공공기관에 장식품을 제작해 조달하는 것도 포함되어 있었다. 이렇게 로마에서 훈련을

다비드 아틀리에의 실내, 레옹 마티유 코슈로, 19세기경,
캔버스에 유채, 90×105cm, 루브르 박물관

마치고 돌아온 로마상 수상자들은 심사위원단에 작품을 제출해 아카데미 회원이 되기 위한 최종심사를 받게 된다. 출품작을 만들려면 또 몇 달씩 작은 스튜디오에 갇히다시피 하며 그림을 그려야 했다.

귀국 후 최종 작품과 그간 보여준 학생의 취향과 능력을 바탕으로 아카데미 회원의 자격을 심사하며, 역사화가가 될지, 초상화가가 될지, 풍경화가가 될지를 결정한다. 당시 서열이 가장 높은 장르는 영웅, 신화, 종교 등의 거룩한 가치를 담을 수 있는 역사화였다.[34]

어떤가? 미술가가 되기 정말 어렵지 않은가? 18세기 프랑스에서 가장 성공한 화가로 꼽히는 자크 루이 다비드Jacques Louis David조차 왕립 아카데미에서 고전을 면치 못할 정도였다. 다음의 그림은 다비드의 아카데미 습작 〈파트로클레스〉다. 모델을 정확히 관찰해서 그린 남자 누드다. 그는 이 누드를 그리면서 가장자리 윤곽선을 통해 인체의 부피를 동시에 나타내고자 했다. 이는 아카데미에서 함께 공부했던 조각가 장 밥티스트 지로Jean-Baptiste Giraud의 영향을 받은 것이다. 어떤가? 로마상을 받을 만해 보이는가? 그러나 로마상의 영예는 다른 이에게 돌아갔다.

다비드는 뛰어난 학생이었지만 1770년부터 3년간 연이어 로마상에 탈락하는 수모를 겪었다. 그 좌절이 얼마나 깊었는지 방문을 걸어 잠그고 자살을 시도했을 정도였다고 한다. 훗날 프랑스 혁명이 일어나자 다비드는 열성적인 혁명당원이 되었는데, 여기에는 개인적인 좌절감도 한몫하지 않았나 싶다. 훗날 그는 자기 손으로 왕립 아카데

파트로클레스, 자크 루이 다비드, 18세기경, 캔버스에 유채, 122×170cm, 토앙-앙리 미술관

미를 폐지시켰는데, 로마상에서 연거푸 탈락하면서 아카데미의 구태 의연한 관료체제에 염증을 느꼈기 때문인지도 모른다.

프랑스 낭만주의를 대표하는 화가인 외젠 들라크루아의 경우 6번 이나 자격 심사에서 고배를 마셨다. 결국 1867년에야 회원이 되었 고, 그의 등장으로 신고전주의와는 다른 주제와 기법을 구사하는 화 가들이 미약하나마 숨통을 틔울 수 있게 되었다.


어쩌면 재능과 열정을 모두 가진 젊은이들의 우열을 가린다는 것 은 불가능한지도 모른다. 그러다 보니 시험은 점점 까다로워지고, 학 생들의 배경이나 인맥도 중요하게 여겨진다. 이러한 편법이 실제 힘 을 발휘하는지 모르겠지만, 그럼에도 본원적으로 중요한 것은 탄탄 한 기본 역량이다.

최근 우리나라의 미대 입시제도가 많이 달라졌다. 그래도 여전히 많은 이들이 미술교육의 기본은 석고데생이라고 생각한다. 미술학 원에 가면 가장 먼저 연필로 선 긋는 연습을 하고 단순한 도형을 그 리면서 명암법을 배우고 비너스와 아그리파, 줄리앙 등 3가지 석고 두상을 눈 감고도 그릴 수 있을 때까지 연습한다. 피카소가 비둘기 발만 300회나 그린 것처럼. 그러고 나서야 인체데생을 시작한다. 처 음부터 물감을 들고 색을 칠하는 경우는 없다.

어떤가? 수세기 전 프랑스 왕립 아카데미의 교육방식과 정말 많이 닮아 있지 않은가? 기본을 다지고 또 다지는 일, 어떤 분야든 성공의 원동력이 기본에서 시작된다는 만고의 진리는 그때나 지금이나 프랑스나 우리나라나 다르지 않다.


## 원칙이 노하우를 이긴다

미국에 본사를 둔 세계적인 경영컨설팅 기업 맥킨지는 추구하는 리더십 상像이 명확하다. 바로 '기본에 충실하자go back to the basic'는 것이다. 고객이 안고 있는 복잡한 경영 과제를 해결하려면 기본에서부터 답을 도출할 수 있는 사고가 중요하기 때문이다. 다른 사람의 해답을 좇거나 모방하는 방식으로는 제대로 과제를 해결할 수가 없다.

오스트리아 출신의 미술사학자로서 1950년에 《서양미술사》를 저술한 에른스트 곰브리치Ernst Gombrich도 맥킨지의 경영방식과 일맥상통하는 주장을 했다. "아름다운 진주가 만들어지려면 진주조개 속에 작은 핵이 있어야 한다. 모래알갱이라든가 작은 뼛조각을 둘러싸고 그 위에 진주가 형성되는 것이다. 이때 단단한 핵이 없으면 제대로 모양을 갖추지 못한다. 형태와 색채에 대한 미술가의 감각이 완벽한 작품 속에 결정되려면 그 역시 견고한 핵이 필요하다."[36] 핵은 기본이 된다. 기본이 제대로 갖춰졌을 때 완벽한 작품이 되고 걸작으로 남는다.

기본에 충실함으로써 성공한 대표적인 기업가로 '살아 있는 경영의 신'으로 불리는 이나모리 가즈오 회장을 꼽을 수 있다. 2010년 2월 일본항공을 회생시켜 달라는 요청을 받았을 당시 그의 나이는 78세였다. 당시 일본항공의 부채총액은 한화로 무려 20조 5000억 원에 달했다. 법정관리를 주도한 기업재생지원기구는 직원의 30%인 1만 5000명 해고, 31개 적자노선 폐지와 53개 계열사 매각 등을 골자로 한 구조조정안을 마련했다. 이를 중심축 삼아 이나모리 회장은 불과 14개월 만에 일본항공을 흑자로 전환시키는 기적을 이뤄냈다. 2011년 3월 결산 때 일본항공의 영업이익은 약 1800억 엔으로 갱생계획 목표액보다 1200억 엔이나 웃돌았다. 2012년 3월 결산에서는 2049억 엔으로 과거 최고액을 경신했다. 2012년 9월, 파산 2년 8개월 만에 도쿄증권거래소에 재상장한 것 또한 최단 기록이다. 말 그대로 'V자' 회복을 이뤄냈다. 이 모든 위업을 달성한 후 이나모리 회장은 2013년 3월 경영일선에서 물러났다.

어떻게 해서 이런 기적 같은 일이 가능했을까? 그것도 항공업계에 전혀 경험이 없는 문외한이 말이다. 이나모리 회장의 성공 노하우를 한마디로 요약하면 바로 '기본에 충실한다'는 리더십을 발휘했기 때문이다. 이나모리 회장이 경영원칙에서 기본을 강조하는 것은 그의 경험에서 비롯된다. 그는 "53년 전 불면 날아갈 것 같은 중소기업에서 출발해 이처럼 거대한 그룹사를 경영할 수 있게 된 것은 중소기업을 경영하며 체득한 경영원칙을 충실히 지켰기 때문이다"라고 말했다. 그가 밝힌 경영원칙은 다음의 12가지다.

1. 사업의 목적과 의의를 명확히 하라.

2. 구체적인 목표를 세우라.

3. 가슴에 열망을 품어라.

4. 누구에게도 지지 않게 노력하라.

5. 매출을 극대화하고 비용을 최소화하라.

6. 가격 결정이 곧 경영임을 명심하라.

7. 경영은 강한 의지로 결정된다.

8. 불타는 투혼을 가져라.

9. 용기를 가지고 부딪쳐라.

10. 항상 창의적으로 일하라.

11. 상대를 배려하며 성실히 임하라.

12. 밝고 적극적인 자세로 꿈과 희망을 품고, 늘 정직하라.

미국 건국의 아버지로 불리는 벤저민 프랭클린의 인생 원칙도 유명하다. 그는 가난한 가정의 열 번째 아들로 태어나 열 살 때 학교를 그만두고 아버지의 일을 도와야 했지만 정치, 외교, 출판, 과학, 인쇄, 교육 등의 분야에서 최고의 자리에 올랐다. 천둥 번개가 치는 빗속에서도 연을 띄우는 도전적 삶을 살았던 데에는 이나모리 회장과 같은 원칙이 큰 역할을 했다. 벤저민 프랭클린이 평생 지켜온 삶의 원칙은 13가지다.

1. 절제 : 과음, 과식하지 않는다.

2. 침묵 : 자신과 타인에게 도움이 되지 않는 말을 하지 않는다.

3. 질서 : 물건을 제자리에 놓고 일은 알맞은 시간에 한다.

4. 결단 : 해야 하는 일은 꼭 완수한다.

5. 절약 : 비싼 것은 사지 않는다. 다른 사람과 자신에게 좋은 것이면 산다.

6. 근면 : 시간을 헛되이 쓰지 않는다.

7. 성실 : 남을 해치는 책략을 사용하지 않는다.

8. 정의 : 남의 권리를 침해하거나 남에게 손해를 입히지 않는다.

9. 중용 : 극단을 피한다.

10. 청결 : 몸, 옷, 집이 불결한 것을 결코 용납하지 않는다.

11. 평정 : 사소한 일에 화내지 않는다.

12. 순결 : 성에 탐닉하지 않고 건강과 생산을 위해 사용한다.

13. 겸손 : 예수와 소크라테스를 본받는다.


그는 원칙을 쪽지로 만들고 각 항목마다 구체적인 지침을 기록했다. 그가 사망한 지 200년도 훨씬 지난 오늘날에도 사람들의 존경을 받는 이유는 자신의 원칙을 알고 이를 충실히 실행한 대표적인 인물이기 때문이다. 이처럼 자신의 기본 원칙을 알고 행하는 사람은 매력이 있다. 그들은 자신의 삶을 개선해나감으로써 많은 사람들에게 감동과 동기, 열정을 준다. 자신의 원칙을 확실하게 알고 있기에 그들의 생각과 말과 글은 일관되고 간결하다. 단호하면서도 확신에 차 있다. 그러면서 가능성은 무한히 열려 있다.

이러한 원칙은 삶의 나침반과 같다. 무수한 선택지 가운데 자신이 취할 수 있는 태도를 형성하는 데 도움을 준다. 어떤 것이 자신에게 가치가 있을 때, 우리는 그것에 긍정적인 태도를 가지게 된다. 반대로 자신에게 가치가 없다면 자연스럽게 부정적 태도를 취하며 거리를 두게 된다. 즉 삶의 원칙이 탄탄하면 태도와 행동 또한 자연스럽게 따라서 변화하게 마련이다.

개인뿐 아니라 기업에도 원칙이 없거나 불분명하면 불필요한 에너지가 낭비된다. 기업에서는 하루에도 수십 수백 가지의 의사결정이 이루어진다. 이 수많은 결정의 기준, 즉 원칙이 제대로 정비되지 않는다면 구성원 각자의 가치관만 내세우다 배가 산으로 갈 공산이 크다.

그런데도 많은 이들이 원칙 세우기를 게을리하고, 정말 중요할 때 원칙을 도외시하곤 한다. 원칙은 대개 '기본자세'를 말하기 때문에 지극히 당연한 것으로 받아들여 굳이 고민할 필요가 없다고 생각하기 때문이다. 다른 신경 쓸 일이 엄청난데 한가하게 원칙을 따질 틈이 있느냐는 것이다. 그러나 세계 최고의 인재들은 이구동성으로 기본을 강조한다. 너무나도 당연한 그 원칙을 말이다.

원칙을 따지는 것은 결코 한가한 사치가 아니다. 우리는 대개 문제의 해결책은 멀고 복잡한 것으로 여기곤 한다. 그러나 스티브 잡스는

2006년 〈뉴스위크〉 인터뷰에서 이렇게 말했다. "어떤 문제를 해결하려고 마음먹었을 때 내놓는 첫 번째 해결책은 지나치게 복잡한 경우가 많다. 그래서 대부분 여기서 포기한다. 하지만 계속 문제를 고민하여 양파 껍질처럼 한 겹 한 겹 벗기다 보면 고상하고도 원칙적인 해결책에 이르는 경우가 많다."

결국은 원칙적이고 기본적인 방안이 문제의 해결책이 된다는 것이다. 스티브 잡스는 이를 통해 자신의 궁극적 가치를 애플의 DNA로 고취시킬 수 있었다.

'산에서 길을 잃으면 골짜기를 헤매지 말고, 높은 곳으로 올라가라'는 말이 있다. 누구든 정상 궤도를 벗어날 수 있다. 하지만 높은 곳에 올라가면 그렇게 찾아 헤매던 길이 한눈에 보인다. 방향을 잃었을 때 북극성을 보듯이, 나의 기준이 되어줄 기본으로 돌아가면 길이 보인다. 20세기든 21세기든, 예술이든 비즈니스든 변하지 않는 성공원칙은 바로 기본에 충실하는 것이다.

# 말이 아닌
# 행동을 들어라

　　　　　과거나 지금이나 예술가들은 사람들을 놀라
게 하기 위해 항상 노력한다. 하긴, 비단 예술가만 그런 것은 아니다.
사람들을 놀라게 해야 조명받을 수 있으니, 우리는 지금도 어떡하면
세상을 놀라게 할지 골몰하고 있다.

　　여기에도 그런 작품이 있다. 의도하지는 않았지만 19세기 사람들
을 깜짝 놀라게 한 작품이다. 워낙 화제를 불러일으킨 작품이다 보니
피카소도 이 그림을 재해석해서 작업했을 정도다. 그 주인공은 에두
아르 마네가 그린 〈풀밭 위의 점심식사〉다. 이 그림은 1863년의 살롱
전Le Salon에 출품되었으나 낙선했는데, 그 뒤 낙선전Salon des Refusés에
전시되어 큰 파문을 일으켰다.

## 욕하면서 보는 그림?

그림을 보자. 남녀 두 쌍이 개울이 흐르는 한적한 숲에서 목욕과 소풍을 즐기는 장면이다. 하지만 이 그림은 아카데미풍의 고귀하고 우아한 작품과는 다소 거리가 멀다. 그림의 왼쪽 하단 소풍바구니 옆에는 개구리가 있다. 당시 개구리는 매춘을 상징했다고 한다. 뭐니 뭐니 해도 우리의 시선을 사로잡는 것은 정면을 응시하는 나체 여성이다. 이 여성은 신화에 등장하는 여신이나 님프가 아니라 빅토린 뫼랑Victorine Louise Meurent이라는 당대 실존 인물이다. 이에 반해 남자들은 깔끔한 신사복 차림이다. 부유한 신사들이 돈으로 산 여인들과 쾌락을 즐기기 위해 교외에서 소풍을 즐기고 있는 모습이다. 부르주아의 가식을 표현한 것이다.

비평가인 쥘 클라레티Jules Clarétie는 이 그림에 대해 다음과 같은 논평을 남겼다.

"마네라는 젊은 화가가 낙선한 작품들을 위한 별도 전시회에서 대담한 작품 하나를 걸었다. 그것은 바로 나체의 여인이 정장을 입은 신사들과 점심을 먹는 그림이었다. 그 그림을 보고 어떤 이들은 수치심에 비명을 질렀고 어떤 사람들은 그냥 웃어넘겼고, 개중에는 작품에 열광하는 사람들도 있었다. 사람들은 이미 상당한 예술적 역량을 지녔고 앞으로 더 큰 가능성을 보여줄 것으로 기대되는 이 젊은 화가의 이름을 기억했다. 그리고 바로 올해 그는 무시무시한 그림 두 점을 들

풀밭 위의 점심식사, 에두아르 마네, 1863년,
캔버스에 유채, 208×264.5cm, 파리 인상파 미술관

고 다시 등장했다. 이 작품은 대중에 대한 도전이다. 조롱과 풍자…
다른 말은 생각해낼 수가 없다. 그렇다. 이 작품은 조롱이다….”36

당시 대부분의 비평가들은 마네의 재능을 인정하면서도 그림 주
제에는 당혹감을 감출 수 없었다. 부르주아 계급을 비판하려는 의도
가 너무 명백했기 때문이다. 비평가들은 이 그림이 루브르 박물관에
소장된 16세기의 유명한 그림 〈전원의 연주회〉에 토대를 두었다는
것을 알았다. 하지만 가상적인 과거를 배경으로 한 〈전원의 연주회〉
는 명백한 상상이었던 반면 마네의 그림에 묘사된 인물은 지나치게
사실적이며 옷차림도 현대적이다. 따라서 이 그림은 도덕성 시비를
불러일으킬 수밖에 없었다. 왜 두 신사는 옷을 벗고 있는 여자 옆에
앉아 있는가?

마네는 여기서 그치지 않았다. 쇠뿔도 단김에 빼랬다고, 〈풀밭 위
의 점심식사〉 소동에 이어 1865년 살롱 드 레퓌제 전시회에 〈올랭피
아〉라는 작품을 소개한다.

당시 프랑스 예술에서 여성의 누드는 이미 하나의 주제로 자리 잡
고 있었지만 대부분의 누드화는 비너스와 같이 이상화된 존재를 대
상으로 했고 수동적인 모습으로 그려졌다. 하지만 마네는 비너스와
거리가 먼 올랭피아라는 매춘부를 그림에 등장시켰다. 올랭피아의
경직된 얼굴과 긴장한 손은 모두 고전적인 여성누드의 나른한 듯한
분위기와 대조를 이룬다. 당시 비평가들은 이런 표정과 자세가 매우
외설적이라고 여겼다. 특히 그림 오른쪽의 검은 고양이에 대해 의견

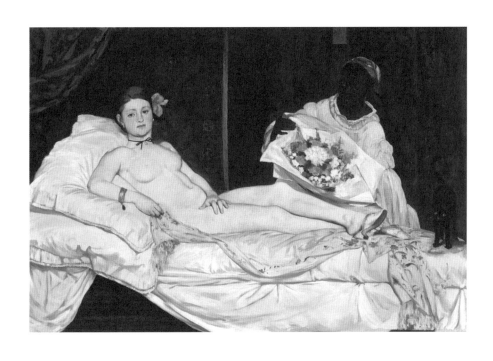

올랭피아, 에두아르 마네, 1863년, 캔버스에 유채, 130×190cm, 파리 인상파 미술관

이 분분했다. 예전에도 모델의 몸을 부각하게 위해 고양이가 간혹 누드화에 등장하긴 했지만 일반적으로는 여인의 무릎 위에 얌전히 앉아 있는 강아지가 더 많이 등장했다. 그림 속 고양이의 불룩 솟은 등과 치켜든 꼬리는 남성의 성기를 상징하는 것으로 해석되기도 했다. 올랭피아 옆에는 흑인 하녀가 보인다. 흑인 하녀는 전통적으로 백인 여성의 흰 피부를 강조하기 위한 장치로 사용되었다. 아울러 이국적인 즐거움을 배가시키는 요소이기도 했다.

당시 평론가였던 루이 오브리는 이 작품을 이렇게 평가했다. "미술사에 〈올랭피아〉만큼 사람들의 비웃음과 야유를 산 작품은 없다. 주말이면 그림을 보러 온 사람들이 너무 많아서 가까이서 보는 것이 불가능할 지경이었다."

기존 원칙을 깨는 차별화된 작품이긴 하지만 그렇다고 드러내놓고 좋다고 할 수 없는 인간의 속성을 엿볼 수 있다. 오브리의 평가를 보니 한때 세간의 이목을 집중시켰던 '남자한테 참 좋은데'라는 광고가 생각난다. 한 건강식품 제조업체 CEO가 직접 출연한 산수유 제품 광고였다. 그는 억센 경남 사투리로 "산수유, 남자한테 참 좋은데, 남자에게 정말 좋은데, 어떻게 표현할 방법이 없네. 직접 말하기도 그렇고…"라며 어눌하게 푸념한다.

〈올랭피아〉를 본 사람들도 뭔가 좋긴 한데, 사회적 체면과 관습을 고려해서 좋다고 표현할 수는 없다. 그러면서 한편으로는 더 가까이 두고 보고 싶어 한다. 어떤가? 산수유 광고와 비슷한 인간의 심리를 엿볼 수 있지 않은가?

예술가들은 그동안 마네의 이 작품을 이야기할 때 형식적인 면에서의 혁신성을 강조해왔다. 마네는 예술에 대한 모더니스트적인 접근을 최초로 시도한 선구자로 각광받는데, 모더니스트적인 접근에서는 작품의 내용보다 미학적인 면을 우선시했다. 물감을 자유자재로 다루는 것을 현대 미술의 가장 큰 특징으로 여기는 사람들이 마네의 이 작품에서 그러한 시도를 발견했던 것이다.[37] 그러나 평범한 감상자의 눈에는 좋긴 한데 말로 표현하기엔 난감한 '그것'이 먼저 들어오는 것을 어쩌랴.


## 겉 다르고 속 다른 인간의 속성을 이해하라

2015년 폭스바겐이 제대로 물의를 빚었다. 이른바 '폭스바겐 디젤게이트'가 일파만파 번지면서 독일은 물론 전 세계 자동차 시장에 파문을 일으켰다. 이번 스캔들은 단순한 실수를 넘어 배출가스를 고의적으로 조작했다는 점에서 충격이 크다. 독일 언론을 비롯한 외신 보도에 따르면 2007년부터 문제가 된 소프트웨어를 납품한 보쉬가 불법이라고 지적했음에도 불구하고 계속 사용했다고 한다. 2011년에는 폭스바겐의 기술자들이 내부 경고를 했음에도 당시 CEO는 이를 무시했다. '돈만 더 벌면 된다'는 식의 경영마인드가 수단과 방법을 가리지 않는 불법적인 조작까지 자행하게 한 것이다. 죄질이 매우 나쁘고, 피해규모도 커 엄정한 책임을 묻지 않을 수 없다.

이번 폭스바겐의 배출가스 조작에 따른 손해는 리콜과 벌금, 사태수습 비용 등으로 최대 86조 원에 달한다고 한다. 독일 일간지 〈빌트〉는 독일 자동차산업 분석가들의 전망을 인용해 "폭스바겐은 2014년 영업이익 127억 유로(원화 약 16조 원)의 5.1배에 달하는 최대 650억 유로(원화 약 86조 원)를 동원해야 할 것"이라고 보도했다. 아울러 독일 일간지 〈디벨트〉는 폭스바겐의 주가가 배출가스 조작 사태 이후 급락해 시가총액 280억 유로(원화 약 37조 원)가 날아갔는데, 폭스바겐 주주들이 이 가운데 150억 유로(원화 약 20조 원)에 대해 손해배상을 청구할 수 있다고 전했다.

이런 파문에 맞춰 글로벌 리서치 전문회사에서 폭스바겐의 구매여부를 묻는 설문조사를 했다. 남녀노소를 불문하고 '폭스바겐 차량 구매에 관심 있나'라는 질문에 72%가 '더 이상 폭스바겐 차를 구입하지 않겠다'라고 답했다. 그 이유를 묻는 질문에 65%가 '속임수를 쓰는 기업을 신뢰할 수 없다'고 답했다. 압도적인 수치다. 조사결과 그대로, 폭스바겐의 2015년 11월 미국 내 신차 판매대수는 2만 4000대에 조금 못 미쳤는데, 이는 전년 동기 3만 2000대에서 25% 급감한 수준이다. 폭스바겐은 판매부진 외에 신용등급이 강등되는 굴욕도 맛봐야 했다. 당연한 결과다.

그런데 폭스바겐 한국지사는 예외였다. 한국에서만은 오히려 폭스바겐 차가 잘 팔린다는 것이다. 폭스바겐은 2015년 11월에 한국 진출 이후 가장 많은 판매고를 기록했다. 정부가 폭스바겐 디젤차 6개 차종에서 배출가스 눈속임 장치를 확인하고 리콜 명령과 함께 141억 원의 과징금을 부과했다는 사실은 판매에 아무런 영향을 미치지 못했다. '선납금 없는 60개월 무이자 할부'라는 전대미문의 마케팅에 고객들은 오히려 지금이 기회라고 생각해 구매를 결정한 것이다.

이처럼 인간은 이율배반적이고 위선적이다. 이러한 인간의 심리적 성향을 '브래들리 효과<sup>Bradley effect</sup>'라 한다. 브래들리 효과는 1982년 미국 캘리포니아 주지사 선거 때 여론조사와 출구조사에서 앞섰던 흑인 후보 토머스 브래들리가 개표 결과 백인 후보인 조지 듀크미지언에게 패배한 데서 유래되었다. 일부 백인 유권자들이 여론조사 때에는 자신의 인종적 편견을 숨기기 위해 흑인인 브래들리를 지지한다고 응답했지만, 실제로는 백인인 듀크미지언을 선택했기 때문에 나타난 왜곡이었다.

기업활동을 하려면 이처럼 겉과 속이 다른 인간의 이중적 속성을 이해해야 한다. 1990년대 여성잡지 〈마리안느〉가 시장조사 결과만 믿고 섹스, 루머, 스캔들 기사를 싣지 않았다가 17호를 마지막으로 폐간되었던 전례에서 알 수 있듯, 소비자 조사를 100% 믿는 것은 순진한 발상인지도 모른다.

'열 길 물속은 알아도 한 길 사람 속은 모른다'는 속담이 있다. 겉과 속이 다른 인간의 심리를 파악하기란 결코 쉬운 일이 아니다. 사람들이 의도적으로 작정하고 거짓말을 하는 것이 아니라, 그런 상황에서는 누구라도 그렇게 대답할 수밖에 없는 무언의 압력이 존재하기 때문이다. 도덕성이나 사회적 윤리, 가치관 등이 그런 것이다.

따라서 이제는 고객의 의견이나 말보다는 행동에 초점을 맞춰야 한다. 고객의 대답이 아닌 실제 구매행동에 집중해야 한다는 의미다. 가급적 실제 상황과 유사한 환경을 제시하면서 고객이 어떤 행동을 보이는지 관찰해야 한다. 관찰을 통해 그 같은 행동을 유발하는 요인을 거꾸로 추적해 분석하는 것이 보다 현명한 방법이다.

# 이윤을 넘어, 어떤 흔적을 남기겠는가?

1937년 4월 26일 독일공군 폭격기들이 스페인 북부 바스크 지방의 소도시인 게르니카에 대대적인 폭격을 가했다. 볼프강 폰 리히트호펜 대령이 이끄는 독일 '콘도르 군단' 43대의 폭격기에서 쏟아낸 소이탄과 고성능 폭탄으로 바스크인들의 옛 수도였던 인구 5000명의 게르니카 시가 초토화됐다. 가옥 80%가 잿더미가 되었으며, 1654명이 사망했고 889명이 부상당했다. 희생자들은 대부분 노인과 부녀자 그리고 어린아이들이었다.

스페인에서 태어나 당시 파리에서 활동하고 있었던 피카소는 그 소식을 프랑스 언론매체를 통해 접했다. 그 해 1월 스페인 인민전선의 공화정부로부터 7월 파리에서 열리는 만국박람회의 스페인 관에 걸릴 대형 벽화를 그려달라는 주문을 받았으나 무엇을 그릴지 결정하지 못해 고민하던 피카소는, 뉴스를 접하고 게르니카 공습을 그리기로 결정한다. 피카소는 이 사건을 세계의 종말을 꾀하려는 독재정권의 폭거로 이해했고, 마치 직접 겪은 것처럼 가차 없이 표현했다.

피카소는 신문기사에 실린 흑백사진 한 장을 본 것만으로 작업에 들어갔고, 1주일간의 밑그림 작업에 이어 본격적인 작품 제작에 들어간 지 꼭 3주일 만에 〈게르니카〉를 완성했다.

이 작품에는 사건을 목격한 증인보다는 예술가 자신의 주관적 반응이 부각돼 있다. 대형 캔버스에는 해부학적 구도를 무시한 채 머리, 눈, 코, 귀, 입, 손, 발 등을 마음대로 배열한 사람과 동물로 가득하다. 아이와 여자의 고함소리, 황소의 뚫어져라 바라보는 눈, 이유 없이 죽어가야 하는 고통 속에 입을 다물지 못하고 쓰러진 사람, 죽은 아이를 부둥켜안고 흐느껴 우는 어머니, 모든 것을 포기하고 두 손든 사람들의 고통과 분노, 절망, 절규 그리고 생존을 위한 몸부림이 그림을 지배하고 있다.

〈게르니카〉는 정말로 대단한 작품이다. 신문 보도만 읽고 단기간에 대작을 완성했다는 것도 대단하지만, 피카소의 위대함은 따로 있다. 피카소의 얘기를 들어보자.

"나는 이 시점에서 이렇게 말하고 싶다. 정신적 가치를 존중하고 그에 따라 작업하는 예술가들은 인류와 문명의 최고 가치가 위협받는 갈등 상황에 대해 무관심할 수도 없고, 그렇게 해서도 안 된다. (중략) 현재의 갈등이 스페인 예술에 가져다줄 활력은 아무도 부정하지 못한다. 이런 서사를 의식하는 스페인 예술가들의 영혼에는 새롭고 강력한 무언가가 뿌려져서, 그들의 예술작품 속에 다시 등장하게 될 것이다. 예술의 지순한 가치에 기여하는 것, 이것은 스페인 사람들이 거둔 최고의 승리 중 하나가 될 것이다."[38]

피카소는 게르니카 폭격 사실을 접하자 도저히 순수예술 작업에

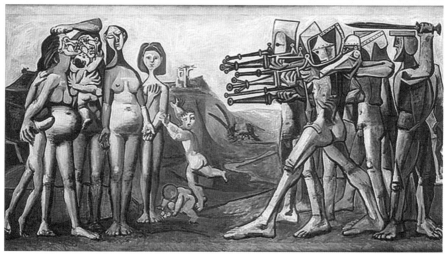

위_게르니카, 파블로 피카소, 1937년, 캔버스에 유채, 349.3×776.6cm, 레이나 소피아 국립미술관
아래_한국에서의 학살, 파블로 피카소

만 몰두할 수 없었다. 그는 이런 끔찍한 상황에 대해 침묵한다면 범죄행위나 다를 바 없다고 생각했다. '진정한 예술가라면 인류 전체와 문명이 위협받는 상황에서 가만히 있어서는 안 된다'는 것이 피카소의 생각이었다. 그런데 대다수의 예술가들은 어떠한가? 자신의 기득권, 물질적 가치에 얼마나 초연할 수 있는가? 예술가는 세상의 모든 역경이나 기쁨에 공감할 줄 알아야 하고, 자기 방식대로 세상을 만들어내기도 하는 존재여야 한다.

피카소의 창조성과 재능만이 위대한 것은 아니다. 무엇보다 그는 침묵하지 않았다는 점에서 위대하다. 그는 세계의 무질서와 부조리를 고발했다. 그리고 그것을 거리낌 없이 표현했다.

한국전쟁의 참상을 그린 〈한국에서의 학살〉을 보자. 피카소는 한번도 한국에 오지 않았지만 한국전쟁에 대한 보도를 접하고 이 작품을 그렸다고 한다. 〈게르니카〉와 마찬가지로 전쟁으로 학살되는 민간인의 참상을 고발하고, 이를 거리낌 없이 표현했다.

무기를 든 병사들이 마치 철갑투구를 한 로봇처럼 보인다. 그들은 민간인을 향해 칼과 총을 겨누고 있다. 반대로 아이는 겁에 질려 엄마에게 달려간다. 아무런 저항수단도 가지지 못한 여인들은 공포에 질려 있다. 그들의 생명은 곧 꺼져가는 촛불 같아 보인다.

〈게르니카〉와 〈한국에서의 학살〉은 어느 작품보다 사회적 메시지가 강하다. 화려한 색채를 사용한 기존의 작품과 달리 이 두 작품에서는 색채 사용을 극히 제한했다. 특히 〈게르니카〉는 흰색과 검은 색

그리고 회색만을 사용하여 전쟁의 야만성과 폭격의 잔혹성을 생생하게 고발하고 있다. 선과 악, 자유와 억압, 평화와 폭력을 강렬하게 대비시켜 우리에게 그중 하나를 선택해보라는 메시지를 건네는 듯하다.

"그림은 결코 아파트를 치장하려고 그리는 것이 아니다. 그림은 적에 맞서서 싸우는 공격과 방어의 무기다." 피카소의 말이다. 그는 자신의 말대로 폭력적인 현실을 고발했다. 그리고 표현했다. 그럼으로써 진정한 예술가임을 몸소 보여줬다.

기업에서 가장 중요하게 여기는 것은 무엇일까? 이윤창출이 아닐까. 1980년대 초, 소규모 팀과 협력해 최초의 매킨토시를 디자인할 당시 스티브 잡스는 '유별날 정도로 훌륭한' 제품을 만들 것을 지시했다. 흥미로운 점은 이윤창출이나 비용절감에 대해서는 일절 언급하지 않았다는 사실이다. 잡스는 매킨토시 팀을 지휘했던 첫 번째 팀장에게 "비용은 전혀 신경 쓰지 말고 컴퓨터의 성능에만 집중하라"고 지시했다. 매킨토시 팀과의 첫 아이디어 워크숍 자리에서 잡스는 화이트보드에 '타협하지 말라Don't compromise'는 글귀를 적었다. 그 결과 탄생한 기계는 가격이 터무니없이 높았고, 급기야 잡스가 애플에서 쫓겨나는 원인이 됐다. 하지만 매킨토시는 잡스의 말처럼 '우주에 흔적을 남겼다.' 가정용 컴퓨터 혁명을 가속화하는 역할을 한 것이다. 그리고 결과적으로는 비용의 균형도 맞춰졌다. 위대한 제품을 만드는 데 모든 노력을 쏟아붓자 돈이 자연스레 뒤따랐기 때문이다.

1983년부터 1993년까지 애플의 경영을 맡았던 존 스컬리는 애플의 CEO가 되기 전 펩시에서 마케팅과 판매를 책임졌던 인물이다. 잡스가 애플을 떠난 후 CEO에 오른 스컬리는 제품 디자인보다는 이윤 극대화를 중요시했다. 그 결과 애플은 점차 쇠퇴했다. 한때 잡스는 "기업이 쇠퇴하는 원인에 관한 나만의 이론이 있다"고 말했다. 위대한 제품을 만들고 나면 이윤을 극대화하는 역량이 있다는 이유로 판매와 마케팅 담당자들이 회사를 장악하는 것이 그 이유라고 말했다. "판매를 책임지는 사람들이 회사 경영을 맡게 되면 제품을 만드는 사람들이 예전처럼 중요하게 여겨지지 않는다. 그중 상당수는 아예 흥미를 잃는다. 스컬리가 애플에 들어오자 바로 그런 일이 벌어졌다. 물론 스컬리를 영입한 건 내 잘못이었다. 스티브 발머를 CEO로 영입한 마이크로소프트에서도 같은 일이 벌어졌다."

애플에 복귀한 잡스는 다시 혁신적인 제품을 만드는 데 주력하도록 회사 분위기를 바꾸어놓았고, 이에 부응하듯 애플은 아이맥, 파워북, 아이팟, 아이폰, 아이패드를 차례로 출시했다. 잡스는 다음과 같이 말했다.

"나는 사람들이 위대한 제품을 개발하도록 의욕을 북돋는 영속적인 회사를 만들겠다는 열정을 갖고 있다. 그 외 모든 것은 부차적이다. 물론 이윤을 내는 것도 중요하다. 이윤을 내야 위대한 제품을 만들 수 있기 때문이다. 하지만 실질적으로 동기를 부여하는 것은 이윤이 아니라 제품이다. 스컬리는 우선순위를 뒤집어버렸고 결국 돈 버는 것이 목표가 돼버렸다. 둘의 차이가 크지 않은 것처럼 보일지 몰라도, 이 때문에 모든 것이 달라진다. 고용하는 사람, 승진시키는 사람, 회의에서 논의하는 이야기 등 모든 것이 변한다."[39]

기업이든 사람이든 결과는 세월이 말해준다. 일정 시간이 지나면 명확한 평판이 드러난다는 의미다. 스티브 잡스 사후 오늘날 우리는 그를 어떻게 평가하고 있는가? 부정과 긍정이 공존하지만 이윤보다는 제품 혁신에 무게중심을 뒀기에 우리는 그를 '위대하다'고 칭한다. 오늘을 살아가는 당신은 훗날 어떤 평가를 받기를 원하는가?

1) 닐 콕스 (2009), **피카소 : 명사와 함께하는 커피**, 라이프맵.

2) 최종 완성해야 할 그림과 설계도 등을 위해 작성하는 초벌그림(下畫), 약화(略畫), 화고(畫稿) 등의 뜻. 데생(소묘)과 수채화, 혹은 유화 에스키스도 있을 수 있다. 하나의 최종작품을 완성하기 위해 몇 점씩의 에스키스가 있다.

3) 김영한 · 류재운 (2009), **다윈코드**, 넥서스BIZ.

4) 융꽝 (2013), **장자의 내려놓음(소요유에 담긴 비움의 철학)**, 매일경제신문사.

5) 김길웅, 강혜선 외 3인 (2013), **신화의 숲에서 리더의 길을 묻다**, 21세기북스.

6) Chaigneau, Jean-Francois (2001), *Roman vrai des chefs-d' oeuvre*, Painting, *European Themes*, Motives.

7) Robert Root-Bernstein, Michele Root-Bernstein (2001), *Sparks of Genius: The Thirteen Thinking Tools of the World's Most Creative People*, Mariner Books.

8) 이명옥 (2008), **그림 읽는 CEO**, 21세기북스.

9) 전준엽 (2013), **미술의 생각 인문의 마음**, 중앙위즈.

10) 김종춘 (2011), **베끼고, 훔치고, 창조하라**, 매일경제신문사.

11) 프랑스 파리 북부 몽마르트르의 센강을 오가는 세탁선(Bateau-Lavoir)을 닮았다는 뜻에서 시인인 막스 자코브가 이름 지었다. 1900년대 초, 비싼 집값 때문에 파리 시내에 살 수 없게 된 가난한 예술가들이 몽마르트르로 몰려들었다. 몽마르트르에는 삼류가수, 목수, 약장수, 건달 등 다양한 사람들이 모여 살았

는데, 이 무질서한 환경이 오히려 예술가들에게 자유와 창조력을 키우는 토양
이 되었다. 특히 세탁선에는 많은 예술가들이 살았다.

12) 칸바일러(Daniel-Henry Kanweiler, 1884~1979)는 유럽의 근대미술사에서
볼라르 이후 가장 유명한 딜러다. 20세기 초 서양미술의 개념 자체를 뒤흔든
입체주의 미술의 두 작가 피카소와 브라크를 후원했던 화상으로 유명하다.

13) 이자벨 드 메종 루주 (2007), **피카소 : 회화의 파괴자인가 창조자인가**, 웅진지
식하우스.

14) Collins, Jim/ Hansen, Morten T. (2011), *Great by Choice : Uncertainty,
Chaos and Luck-Why Some Thrive Despite Them All*, HarperCollins.

15) 박인혜 (2014), 파괴적 혁신만이 애플 따라잡는다, **매경MBA**.

16) 같은 기사.

17) Neue Zuercher Zeiting, 1932년 11월 13일에 실린 칼 융의 피카소에 대한 기사.

18) 장 프랑수아 세뇨 (2011), **명작 스캔들1**, 이숲.

19) 잭 플램 (2005), **세기의 우정과 경쟁(마티스와 피카소)**, 예경.

20) 프랑스의 화가이자 비평가인 자크 에밀 블랑슈(Jacques-Emile Blanche,
1861~1942)는 정물화, 초상화, 풍경화 등 모든 분야에서 재능을 인정받았으
며, 살아 있는 동안 부와 유명세를 모두 누렸다. 앙드레 지드, 니진스키, 제임스
조이스 등 수많은 작가들의 초상을 남겼으며 마네, 드가와 가깝게 지냈다.

21) Alfred H. Barr(1946), *Picasso: Fifty Years of His Art*, Museum of Modern
Art.

22) 윤익영 (2003), **카라바조(빛과 명암이 만든 바로크의 사실주의)**, 재원.

23) Hegel, G.(2010), *Vorlesungen über die Ästhetik*, Reclam.

24) 자오위핑 (2015), **사람을 품는 능굴능신의 귀재 유비**, 위즈덤하우스.

25) Stahl, Bjarkman, Farndale, Morris, Paauwe & Stiles (2012), Sixprinciples of
effective global talent, *Harvard Business Review*. 정동일 (2015), **사람을 남**

겨라, 북스톤.

26) 박희숙 (2003), **명화 속의 삶과 욕망**, 마로니에북스.

27) 도모노 노리오 (2007),**행동경제학**, 지형

28) Denes-Raj, V, and S. Epstein (1994), "Conflict Between Intuitive and Rational Processing When the People Behave Against Their Better Judgement," *Journal of Personality and Social Psychology*, 66, 819~829.

29) Ellen Winner (2009), *Invented Worlds : The Psychology of the Arts*, Havard University Press.

30) 이자벨 드 메종 루주 (2007), **피카소 : 회화의 파괴자인가 창조자인가**, 웅진지식하우스.

31) 장우정 (2013), [대기업 경쟁모델] 경쟁자는 콘텐츠 강자 아마존, ChosunBiz.

32) 이에인 잭젝 (1994), **명화의 재발견**, 미술문화.

33) Karen Salmansohn (2006), *Gut: How to Think from Your Middle to Get to the Top*, How Books.

34) 우정아 (2012), **명작, 역사를 만나다**, 아트북스.

35) Ernst Hans Josef Gombrich (2003), *The Story of Art*, Prentice-Hall.

36) 모니카 봄 두첸 (2006), **세계 명화 비밀**, 생각의나무.

37) 같은 책.

38) 러셀 마틴 (2004), **게르니카, 피카소의 전쟁**, 무우수.

39) Walter Isaacson (2012), The real leadership lessons of Steve Jobs, *Harvard Business Review*.